Martin Alberts

Zur Funktion der Sprache bei Walter Benjamin

Von den theoretischen Grundlagen bis zur literarischen Praxis

Diplomica® Verlag GmbH

Alberts, Martin: Zur Funktion der Sprache bei Walter Benjamin. Von den theoretischen Grundlagen bis zur literarischen Praxis, Hamburg, Diplomica Verlag GmbH 2010

ISBN: 978-3-8386-0196-0
Druck Diplomica® Verlag GmbH, Hamburg, 2010
Zugl. Carl-von-Ossietzky-Universität Oldenburg, Oldenburg, Deutschland, Bachelorarbeit, 2008

Bibliografische Information der Deutschen Nationalbibliothek:
Die Deutsche Nationalbibliothek verzeichnet diese Publikation in der Deutschen Nationalbibliografie;
detaillierte bibliografische Daten sind im Internet über http://dnb.d-nb.de abrufbar.

Die digitale Ausgabe (eBook-Ausgabe) dieses Titels trägt die ISBN 978-3-8386-0215-8 und kann über den Handel oder den Verlag bezogen werden.

INHALTSVERZEICHNIS

EINLEITUNG

> „Ich stieg eine Böschung hinan und legte mich unter einen Baum. Der Baum war eine Pappel oder eine Erle. Warum ich seine Gattung nicht behalten habe? Weil, während ich ins Laubwerk sah und seiner Bewegung folgte, mit einmal in mir die Sprache dergestalt von ihm ergriffen wurde, daß sie augenblicklich die uralte Vermählung mit dem Baum in meinem Beisein noch einmal vollzog."[1]

Dieser Auszug aus „Der Baum und die Sprache", einem 1933 entstandenen Denkbild, beschreibt eine Beobachtung, die als Ausgangspunkt für diese Arbeit äußerst dienlich ist. Benjamin berichtet darin von der Sprache, welche sich in ihm befinde.[2] Diese sei durch eine „uralte Vermählung" mit dem Baum, den er beobachtet, verbunden. Welche Bedeutung diese enge Beziehung zwischen der Sprache Benjamins und dem Baum in sich birgt, soll im Laufe der Untersuchung erläutert werden. Doch zu diesem Zeitpunkt ist eines bereits sicher: Die Beziehung, die der Baum und die Sprache eingehen, ist zumindest in diesem Fall fruchtbar.

> „Ein leiser Wind spielte zur Hochzeit auf und trug alsbald die schnell entsprossenen Kinder dieses Betts als Bilderrede unter alle Welt."[3]

Und eben diese Frucht, jene „Bilderrede", wie Benjamin sie nennt, werde als Mitteilung in die Welt hinaus getragen. Sie entstehe demnach aus der Verbindung des Menschen mit seiner Umwelt heraus. Dieser Gedanke soll zunächst festgehalten werden, sodass er zu einem späteren Zeitpunkt wieder aufgegriffen und weitergeführt werden kann. Das Denkbild „Der Baum und die Sprache" soll dieser Arbeit als roter Faden dienen und die Erläuterungen, welche Benjamin in seinen theoretischen Schriften anbringt, anhand der im Text dargestellten Beziehung verdeutlichen.

Benjamin ließ in seinen Werken, parallel zur Gesellschaftstheorie und der Literaturkritik, auch stets der Sprache einen großen Stellenwert zukommen. Nicht nur in seinen sprachtheoretischen Texten, sondern auch in jenen, welche sich der Literatur und der Kunst widmen, ist dies zu erkennen. So auch in einem seiner bekanntesten und ein-

---

[1] Benjamin, Walter: „Der Baum und die Sprache", in: ders.: *Aura und Reflexion*, Frankfurt am Main 2007, S. 201.

[2] Ich nehme es mir für die Interpretation des Textes „Der Baum und die Sprache" heraus, den darin auftauchenden Ich-Erzähler fortan mit Benjamin selbst zu identifizieren. Ob dies nun der Fall sei oder auch nicht, tut der Sache keinen Abbruch.

[3] Benjamin, Walter: „Der Baum und die Sprache", S. 201.

flussreichsten Aufsätze mit dem Titel „Das Kunstwerk im Zeitalter seiner technischen Reproduzierbarkeit", verfasst 1935/1936, während der Zeit im Pariser Exil. Hier zeigt Benjamin, dass seine Vorstellungen von Sprache weit über das bloße Wort hinausreichen. Diese befinde sich auch in den Dingen selbst, z. B. in den Kunstwerken. Näher erläutert wird diese namenlose Sprache der Dinge in einer seiner frühen Schriften, dem Essay „Über Sprache überhaupt und über die Sprache des Menschen" (1916/1917). Hierin legt Benjamin auch die Basis für seine Unterscheidung der Sprache der Dinge von der menschlichen Sprache. Denn obwohl beiden laut ihm ein göttlicher Ursprung zukomme, so seien die zwei beschriebenen Arten von Sprache doch in der für sie eigenen Bedeutung von Namen different. Das erste Kapitel dieser Arbeit soll sich daher mit der grundlegenden Sprachtheorie Benjamins beschäftigen und so einen Grundstein für weitere Erläuterungen zur Rolle der Sprache in seinen Werken legen.

Da Benjamins Sprachtheorie eine wichtige Grundlage für seine späteren Texte zum Einfluss der Medien bildet, scheint es unumgänglich, sich in einem eigenen Kapitel mit dem Begriff der Sprache in den Kunstwerken zu beschäftigen.[4] Hierzu soll Benjamins im Kunstwerk-Aufsatz formulierte Theorie des Aurazerfalls, welcher durch die Emanzipation des Werkes vom Ritual und seiner Tradition ausgelöst werde, herangezogen werden. Interessant scheinen hier besonders die Rolle des Menschen und dessen Einfluss auf die Sprache der Dinge zu sein. Die Frage, ob der Mensch die Befähigung zur Veränderung der namenlosen Sprache besitzt, indem er seine menschliche Sprache auf das bei der Produktion eines Kunstwerkes verwendete Material anwendet, soll im zweiten Kapitel genauer erläutert werden. Hierzu muss jedoch auch der Aufsatz „Die Aufgabe des Übersetzers" (1921/1923) genau betrachtet werden, denn die darin beschriebene Theorie der Übersetzung eröffnet die Möglichkeit, Benjamins Sprachtheorie mit seiner Vorstellung der Kunstwerke zu verbinden.

Bis zu seinem Tod im Jahre 1940 brachte Benjamin viele Denkbilder zu Papier, ähnlich jenem, welches diese Arbeit eröffnet. Im abschließenden Kapitel soll daher analysiert werden, was genau unter der literarischen Form des Denkbildes zu verstehen sei und inwiefern diese auf die Rolle des Dichters in Benjamins Vorstellung der Sprache verweist. Des Weiteren soll ein zweiter literarischer Bezug hergestellt werden, indem zusätzlich auf die Rolle der Namen, wie sie in Benjamins Sprachtheorie ihren Platz finden, in den Dramen Brechts hingewiesen wird. Der dritte Teil dieser Arbeit kann daher

---

[4] Vgl. Kramer, Sven: *Walter Benjamin zur Einführung*, Hamburg 2003 [2004], S. 16.

als ein Versuch angesehen werden, das theoretische Fundament Benjamins, welches in den ersten zwei Kapiteln erläutert wird, auf die literarische Praxis anzuwenden und somit in gewisser Weise weiterzudenken.

I. DAS GRUNDLEGENDE WESEN DER SPRACHE IN DER PHILOSOPHIE BENJAMINS

„Jede Äußerung menschlichen Geisteslebens kann als eine Art der Sprache aufgefaßt werden"[5]

Mit diesen Worten eröffnet Benjamin seinen Aufsatz „Über Sprache überhaupt und über die Sprache des Menschen", eine Schrift, welche, auch wenn sie zunächst nicht zur Veröffentlichung bestimmt war, als die bedeutendste unter den frühen Arbeiten Benjamins eingestuft werden kann.[6] Mit diesem Eröffnungssatz verweist er darauf, dass in seinen Augen nicht nur das Wort, akustisch wie schriftlich, als Sprache zu gelten habe, sondern dass auch andere, nicht auf das Wort angewiesene Sprachen existieren würden. Diese seien z. B. die „Sprache der Musik und der Plastik"[7], ebenso wie die Sprache der Justiz oder die Sprache der Technik. In diesen Fällen dürfe man allerdings nicht von der jeweiligen Fachsprache der auf diesem Gebiet beschäftigten Menschen sprechen, sondern müsse die Sprache als das „auf Mitteilung geistiger Inhalte gerichtete Prinzip in den betreffenden Gegenständen"[8] verstehen. An dieser Stelle ist zu beachten, dass Benjamin den Ausgangspunkt, jenes Prinzip dieser Mitteilung, in den Gegenständen selbst sieht, d. h. die Mitteilung werde *nicht* durch den Menschen in den Gegenstand hineingelegt. Die menschliche Sprache führe vielmehr ein Dasein, welches parallel, aber nicht unabhängig zu dem der Sprache der Dinge existiere. Benjamin eröffnet dem Leser an dieser Stelle ein Bild, in welchem sich die Sprache als großes Ganzes zeigt, mit einem grundlegenden Prinzip, welches auf alle Arten von Sprache zutreffe. So auch auf die menschliche, die nur einen Teil einnimmt in dieser Vorstellung des Sprachbegriffs.

> „Mit einem Wort: jede Mitteilung geistiger Inhalte ist Sprache, wobei die Mitteilung durch das Wort nur ein besonderer Fall, der der menschlichen, und der ihr zugrunde liegenden oder auf ihr fundierten (Justiz, Poesie), ist."[9]

Die Sprache sei also nicht auf Geistesäußerungen des Menschen beschränkt, sondern komme jedem Ding zu, belebt oder unbelebt. Diese Idee der Sprache, welche jedem

---

[5] Benjamin, Walter: „Über Sprache überhaupt und über die Sprache des Menschen", in: ders.: *Aura und Reflexion*, Frankfurt am Main 2007, S. 95.

[6] Vgl. Menninghaus, Winfried: *Walter Benjamins Theorie der Sprachmagie*, Frankfurt am Main 1980 [1995], S. 9.

[7] Benjamin, Walter: „Über Sprache überhaupt und über die Sprache des Menschen", S. 95.

[8] Ebd., S. 95.

[9] Ebd., S. 95.

Ding einen von ihm mitgeteilten Inhalt zuschreibt, gilt es in diesem Kapitel zu ergründen. Benjamin verwendet in Bezug auf diese Struktur die Formulierung „teilhaben".

> „Es gibt kein Geschehen oder Ding weder in der belebten noch in der unbelebten Natur, das nicht in gewisser Weise an der Sprache teilhätte, denn es ist jedem wesentlich, seinen geistigen Inhalt mitzuteilen."[10]

Aus dieser Passage geht deutlich hervor, dass ein von der Sprache losgelöstes, gewissermaßen nicht-sprachliches Ding für Benjamin undenkbar ist.

> „Ein Dasein, welches ganz ohne Beziehung zur Sprache wäre, ist eine Idee; aber diese Idee läßt sich auch im Bezirk der Ideen, deren Umkreis diejenige Gottes bezeichnet, nicht fruchtbar machen."[11]

Eine Idee, ihrerseits ohne Bindung zur Sprache, sei für das menschliche Denken unerreichbar, da dieses nicht über die Sprache hinausreiche. Dem menschlichen Denken sei somit durch seine Sprache eine Grenze gesetzt. Er sei nicht dazu im Stande, sich etwas vorzustellen, „das sein geistiges Wesen nicht im Ausdruck mitteilt"[12].

Das Zitat, mit dem ich den vorangehenden Absatz beendet habe, muss an dieser Stelle nochmals betrachtet werden, da es zwei zunächst unauffällige aber dennoch sehr bedeutende Formulierungen enthält: Zum einen verwendet Benjamin hier erstmals in seinem Sprachaufsatz den Begriff des „geistigen Wesens". Dies geschieht zunächst fast beiläufig, doch wird der Begriff im weiteren Verlauf, sowohl des Textes als auch dieser Arbeit, eine bedeutende Rolle einnehmen. Außerdem legt Benjamin fest, auf welche Weise, nämlich „im Ausdruck", sich das geistige Wesen mitteile. Eine Klärung dieser Formulierung ist in meinen Augen notwendig, um mit der Analyse fort zu fahren.

> „Nur soviel ist richtig, daß in dieser Terminologie jeder Ausdruck, sofern er eine Mitteilung geistiger Inhalte ist, der Sprache beigezählt wird. Und allerdings ist der Ausdruck seinem ganzen und innersten Wesen nach nur als *Sprache* zu verstehen; andererseits muß man, um ein sprachliches Wesen zu verstehen, immer fragen, für welches geistige Wesen es denn der unmittelbare Ausdruck sei."[13]

---

[10] Benjamin, Walter: „Über Sprache überhaupt und über die Sprache des Menschen", S. 95.
[11] Ebd., S. 95.
[12] Ebd., S. 95.
[13] Ebd., S. 95f.

Diese Textpassage verdeutlicht, dass Benjamin zwischen einem geistigen und einem sprachlichen Wesen unterscheidet. Laut ihm drücke die Sprache, in Form des sprachlichen Wesens, in ihrer Mitteilung die Inhalte aus, welche im geistigen Wesen beschlossen liegen.[14] Das sprachliche Wesen sei somit Ausdruck für das geistige Wesen.[15] Eine genauere Erläuterung zu diesem Verhältnis findet sich im folgenden Abschnitt.

Bei Betrachtung des Bildes der Sprache, welches Benjamin im Sprachaufsatz entwickelt, wird deutlich, dass er deren Entstehen bis an den biblischen Ursprung, die Erschaffung der Dinge und des Menschen durch die göttliche Schöpfung, zurückführt. Diesen göttlichen Ursprung gilt es in einem späteren Abschnitt zu erfassen. Vorher soll das grundlegende Wesen der Sprache, insbesondere die Unterscheidung zwischen der Sprache der Dinge und der Sprache des Menschen, im Mittelpunkt der Untersuchung stehen. Das Ziel soll es dabei sein, auf diese Weise einen genauen Eindruck des Bildes der Sprache zu erhalten, welches Benjamin in seinem Text beschreibt.

1. Die Sprache der Dinge und die Sprache des Menschen

Wie bereits erwähnt, wird bei Betrachtung des Sprachaufsatzes schnell deutlich, dass Benjamin den Ursprung der Sprache chronologisch mit der göttlichen Schöpfung festsetzt. Doch bevor näher auf den Ursprung der Sprache eingegangen werden kann, muss zunächst deren Wesen ergründet werden. Hierzu macht Benjamin eine im wahrsten Sinne des Wortes wesentliche Unterscheidung, die bereits im vorangegangenen Abschnitt erwähnt wurde. Nachdem für ihn feststeht, dass jedes Ding, welches eine geistige Mitteilung in sich trage, „der Sprache beigezählt" werde, bzw. an dieser teilhabe, zieht Benjamin zunächst eine Grenze zwischen dem geistigen und dem sprachlichen Wesen der Dinge. Hinzuzufügen ist, dass diese Grenze keineswegs undurchdringlich sei. So behauptet er zu Beginn des Aufsatzes, dass eine Identität der zwei Wesenheiten möglich, jedoch nicht notwendig sei. Demnach sei das geistige Wesen dasjenige, welches sich in der Sprache mitteile. Das sprachliche Wesen hingegen würde durch die Sprache selbst repräsentiert. Zusammengefasst bedeutet dies, dass laut Benjamin das sprachliche We-

---

[14] Mit Blick auf die spätere Gleichsetzung des sprachlichen Wesens mit dem geistigen Wesen lässt sich jetzt bereits allgemein sagen, dass der geistige Inhalt, welcher im geistigen Wesen beschlossen liege, sich *in* der Sprache, die das sprachliche Wesen repräsentiert, mitteile.

[15] Vgl. Benjamin, Walter: „Über Sprache überhaupt und über die Sprache des Menschen", S. 95f.

sen der Dinge als Ausdruck eines Teils des geistigen Wesens zu verstehen sei. Doch gebe es für dieses Verhältnis eine grundlegende Bedingung:

> „Das geistige Wesen ist mit dem sprachlichen identisch, nur *sofern* es mitteil*bar* ist. Was an einem geistigen Wesen mitteilbar ist, das ist sein sprachliches Wesen. Die Sprache teilt also das jeweilige sprachliche Wesen der Dinge mit, ihr geistiges aber nur, sofern es unmittelbar im sprachlichen beschlossen liegt, sofern es mitteil*bar* ist."[16]

Folgt man Benjamins Ausführungen, bedeutet dies, dass ein sprachliches Wesen zwar notwendig Ausdruck eines Teils des geistigen Wesens sein muss. Im Gegenzug dazu müsse jedoch ein geistiges Wesen nicht notwendig auch in vollem Umfang durch das sprachliche Wesen, also im Ausdruck bzw. in der Sprache, mitgeteilt werden. Denn eine Sprache könne nur eines mitteilen, und zwar sich selbst. Zurückzuführen sei dies, so Benjamin, auf die Identität des sprachlichen Wesens der Dinge mit ihrer Sprache. Und diese Behauptung sei keineswegs tautologisch, da aus der Argumentation hervorgehe, dass der mitteilbare Anteil des geistigen Wesens die Sprache eines Dinges bilde. Demnach seien es keine geistigen Inhalte, welche durch die Sprache vermittelt würden, sondern es sei ein Teil des geistigen Wesens, welcher sich *in* der Sprache mitteile. Und eben dieser Teil des geistigen Wesens sei die Sprache selbst.

> „Was *an* einem geistigen Wesen mitteilbar ist, *in* dem teilt es sich mit; das heißt: jede Sprache teilt sich selbst mit. Oder genauer: jede Sprache teilt sich *in* sich selbst mit, sie ist im reinsten Sinne das ‚Medium' der Mitteilung."[17]

In Benjamins Verständnis nimmt die Sprache daher nicht die Rolle eines Instruments zur Übermittlung geistiger Inhalte ein, sondern dient als Medium, *in* welchem sich die geistigen Inhalte mitteilen. Worte dürften auf keinen Fall als bloßes Mittel gesehen werden, denn in ihnen selbst teile sich der Inhalt mit.[18]

Im Folgenden konzentriert Benjamin seine Aufmerksamkeit auf die menschliche Sprache, welche, bedenkt man seine vorangegangene Argumentation, das sprachliche Wesen des Menschen darstelle. Hierbei sei eine Besonderheit zu beachten, welche nur die menschliche Sprache für sich beanspruche. Denn im Gegensatz zu den Dingen teile der Mensch sein geistiges Wesen mit, indem er die Dinge benenne. Aus diesem Schluss heraus ergibt sich für Benjamin eine neue Sichtweise. Er ordnet den Menschen und die

---

[16] Vgl. Benjamin, Walter: „Über Sprache überhaupt und über die Sprache des Menschen", S. 96.
[17] Ebd., S. 97.
[18] Vgl. Kramer, Sven: *Walter Benjamin zur Einführung*, S. 17.

Dinge auf zwei verschiedenen Ebenen an, wobei er ebenfalls von zwei unterschiedlichen Arten von Sprache ausgeht. Der wesentliche Unterschied liege hierbei in der Benennung: Während sich die Dinge in ihrer Sprache dem Menschen mitteilen, könne der Mensch die Dinge aufgrund der von ihnen ausgehenden Mitteilung benennen. Und durch eben diese Benennung der Dinge sei er dazu in der Lage sich selbst mitzuteilen.[19]

2. Der göttliche Ursprung der Sprache bzw. des Namens

> „Im Anfang war das Wort, der Logos,
> Und der Logos war bei Gott,
> und von Gottes Wesen war der Logos.
> Dieser war im Anfang bei Gott.
> Alles ist durch ihn geworden,
> und ohne ihn ist auch nichts eines geworden,
> das geworden ist.
> In ihm war das Leben,
> und das Leben war das Licht der Menschen.“[20]

Der Beginn des Johannesevangeliums zeigt bereits deutlich, welche Idee Benjamin verfolgt, wenn er vom Ursprung der Sprache in der Schöpfung schreibt. Diese, der *Zürcher Bibel* entnommene Passage verweist darauf, dass „das Wort“, bzw. „der Logos“, verantwortlich gewesen sei für das Entstehen der Erde und der Menschen. Demnach sei „Alles“ durch den Logos „geworden“, was der Ansicht Benjamins entspricht, dass jedes Ding an der Sprache teilhabe, bzw. nicht ohne diese gedacht werden könne. Im Folgenden wird erläutert wie Benjamin die Sprache auf die göttliche Schöpfung zurückführt und inwiefern der Mensch durch seine Namensprache aktiv in die Schöpfung eingreife. Hierzu müsse jedoch, so Benjamin, zunächst die Art und Weise betrachtet werden, auf welche der Mensch sich mitteile. Demnach sei es der Fall, dass der Mensch die Dinge benenne, indem er ihre Mitteilung erkenne. Diese Mitteilung, welche von den verschiedenen Dingen in der Welt ausgehe, sei also Bedingung dafür, dass der Mensch dazu in der Lage sei, die Dinge zu benennen. Die Frage, die Benjamin an diesem Punkt aufwirft, ist jene nach dem Adressaten der menschlichen Mitteilung: „Wem teilt der

---

[19] Vgl. Benjamin, Walter: „Über Sprache überhaupt und über die Sprache des Menschen“, S. 96ff.
[20] *Zürcher Bibel*, Zürich 2007, Joh 1,1-4.

Mensch sich mit?"[21] Zur Auflösung des Problems stellt er zwei unterschiedliche Ansichten gegenüber. Zum einen ist dies die „bürgerliche Auffassung"[22].

> „Sie besagt: Das Mittel der Mitteilung ist das Wort, ihr Gegenstand die Sache, ihr Adressat ein Mensch."[23]

Doch diese Auffassung sei die *falsche*. Da Benjamin bereits erwähnte, dass die Sprache, d. h. das Wort, nicht als Mittel, sondern als Medium, *in* welchem sich der geistige Inhalt mitteile, zu verstehen sei, kommt er zu einer gegensätzlichen Position. Diese kenne weder das Mittel, noch den Gegenstand oder den Adressaten.

> „Sie besagt: im Namen teilt das geistige Wesen des Menschen sich Gott mit."[24]

Benjamin grenzt das geistige Wesen, welches sich Gott mitteile, an dieser Stelle bereits nicht mehr ein. Grund dafür sei, dass sich im Namen die Sprache, also das geistige Wesen des Menschen, in seinem vollen Umfang mitteile. Denn nur im Namen sei es möglich, dass sich die Sprache in ihrer Gesamtheit mitteile.

> „Der Name als Erbteil der Menschensprache verbürgt also, *daß die Sprache schlechthin* das geistige Wesen des Menschen ist; und nur darum ist das geistige Wesen des Menschen allein unter allen Geisteswesen restlos mitteilbar. Das begründet den Unterschied der Menschensprache von der Sprache der Dinge."[25]

Die menschliche Sprache unterscheide sich also insofern von der Sprache der Dinge, dass sich in ihr das geistige Wesen des Menschen restlos mitteile. Während die Dinge, zu diesen zählt Benjamin auch die Tiere, in ihrer namenlosen Sprache nur einen Teil ihres geistigen Wesens, eben ihr sprachliches Wesen, mitteilen würden, sei der Mensch dazu in der Lage im Namen sein geistiges Wesen in vollem Umfang mitzuteilen. Daraus schließt Benjamin, dass der Mensch, welcher als einziges Lebewesen den Namen in seiner Sprache verwende, auch als einziges Lebewesen in vollem Umfang über die Sprache verfüge. Aus ihm spreche „die reine Sprache"[26].

---

[21] Benjamin, Walter: „Über Sprache überhaupt und über die Sprache des Menschen", S. 98.
[22] Ebd., S. 98.
[23] Ebd., S. 98.
[24] Ebd., S. 98.
[25] Ebd., S. 98f.
[26] Ebd., S. 99.

„Alle Natur, sofern sie sich mitteilt, teilt sich in der Sprache mit, also letzten Endes im Menschen. Darum ist er der Herr der Natur und kann die Dinge benennen."[27]

An diesem Punkt führt Benjamin seine Überlegungen zurück auf den biblischen Schöpfungsakt. Dem Menschen, in der Genesis in Gestalt des Adam, komme die Aufgabe zu, die Dinge, welche in Folge der göttlichen Schöpfung entstanden seien, zu benennen.

„Da bildete der HERR, Gott, aus dem Erdboden alle Tiere des Feldes und alle Vögel des Himmels und brachte sie zum Menschen, um zu sehen, wie er sie nennen würde, und ganz wie der Mensch als lebendiges Wesen sie nennen würde, so sollten sie heissen. Und der Mensch gab allem Vieh und den Vögeln des Himmels und allen Tieren des Feldes Namen. Für den Menschen aber fand er keine Hilfe, die ihm gemäss war."[28]

Die Dinge teilen laut Benjamins Ausführungen ihr sprachliches Wesen mit, wodurch der Mensch, im Namen, zu deren Erkenntnis gelange. Durch diese Benennung vollende sich die göttliche Schöpfung. Dem Menschen komme demnach „eine aktive Rolle im Schöpfungsprozess"[29] zu. Des Weiteren stehe fest, dass der Mensch, als einziges Wesen, dessen geistiges Wesen mit der absoluten Sprache gleichzusetzen sei, der einzige „Sprecher der Sprache"[30] sei. Dies sei durch das Wesen der Sprache begründet.

„Die Sprache ist ihrem mitteilenden Wesen, ihrer Universalität nach, da unvollkommen, wo das geistige Wesen, das aus ihr spricht, nicht in seiner ganzen Struktur sprachliches, das heißt mitteilbares ist. *Der Mensch allein hat die nach Universalität und Intensität vollkommene Sprache.*"[31]

In den Fällen, in denen ein Ding nicht sein gesamtes geistiges Wesen mitteile, d. h. bei allen nicht-menschlichen Mitteilungen, sei die Sprache „unvollkommen". Da eine Mitteilung des gesamten geistigen Wesens nur im Namen, in welchem sich die Sprache vollständig mitteile, möglich sei, impliziere dies, dass nur der Mensch über die „vollkommene Sprache" verfüge. Diese Unterscheidung von den Dingen lasse ihm die Position als „Herr der Natur" zukommen.

Bevor sich Benjamin in Form einer Interpretation der ersten Genesiskapitel weiter dem Ursprung der Sprache annähert, stellt er eine nicht unbedeutende Frage in Be-

---

[27] Benjamin, Walter: „Über Sprache überhaupt und über die Sprache des Menschen", S. 99.
[28] *Zürcher Bibel*, Gen 2,19.20.
[29] Kramer, Sven: *Walter Benjamin zur Einführung*, S. 17.
[30] Benjamin, Walter: „Über Sprache überhaupt und über die Sprache des Menschen", S. 99.
[31] Ebd., S. 99.

zug auf das Wesen der Sprache, welches er bereits zu Beginn des Sprachaufsatzes detailliert beschrieb.

> „Ob nämlich das geistige Wesen – nicht nur des Menschen (denn das ist notwendig) – sondern auch der Dinge und somit geistiges Wesen überhaupt in sprachtheoretischer Hinsicht als sprachliches zu bezeichnen ist. Wenn das geistige Wesen mit dem sprachlichen identisch ist, so ist das Ding seinem geistigen Wesen nach Medium der Mitteilung, und was sich in ihm mitteilt – gemäß dem medialen Verhältnis – eben dies Medium (die Sprache) selbst."[32]

Laut Benjamin seien das geistige Wesen jedes Dings und sein sprachliches Wesen, d. h. seine Sprache, zu jedem Zeitpunkt identisch. Er modifiziert somit seine Annahme, dass eine Identität nur zwischen dem mitteilbaren Teil des geistigen Wesens und der Sprache bestünde.[33] Demnach sei ein geistiges Wesen stets in seiner Ganzheit mitteilbar.

> „Einen Inhalt der Sprache gibt es nicht; als Mitteilung teilt die Sprache ein geistiges Wesen, d. i. eine Mitteilbarkeit schlechthin mit."[34]

Benjamin führt diese Aussage darauf zurück, dass das sprachliche Wesen in verschiedene Gradstufen einteilbar sei. Aus dieser Gleichstellung des geistigen mit dem sprachlichen Wesen ergebe sich eine graduelle Abstufung des geistigen Wesens nach „Existenzgraden oder nach Seinsgraden"[35]. Demnach gelte, dass ein geistiger Inhalt, welcher einen hohen Grad an geistiger Reinheit aufweise, auch zugleich der sprachlich klarste und somit „fixierteste Ausdruck"[36] sei. Benjamin überträgt diesen Zusammenhang nun auf die Religion: In den Vordergrund trete dabei der Begriff der Offenbarung. Bisher habe gegolten, dass die Religion im Unaussprechlichen, d. h. dem sprachlich am wenigsten fassbaren, „das letzte geistige Wesen"[37], also die höchst mögliche graduelle Abstufung des geistigen Inhalts, vermutet habe. Durch die von Benjamin angesprochene Gleichsetzung sei dieses Verhältnis jedoch umgekehrt worden.

> „Das höchste Geistesgebiet der Religion (im Begriff der Offenbarung) ist zugleich das einzige, welches das Unaussprechliche nicht kennt. Denn es wird angesprochen im Namen und spricht sich aus als Offenbarung."[38]

---

[32] Benjamin, Walter: „Über Sprache überhaupt und über die Sprache des Menschen", S. 99f.
[33] Vgl. ebd., S. 96f.
[34] Ebd., S. 100.
[35] Ebd., S. 100.
[36] Ebd., S. 101.
[37] Ebd., S. 100.
[38] Ebd., S. 101.

Das höchste geistige Wesen finde sich nunmehr in der Sprache selbst wieder, welche nur der Mensch in ihrer Vollkommenheit, im Namen, beherrsche. Die Dingsprache hingegen sei nicht vollkommen, denn sie basiere auf einer stofflichen und somit materiellen Gemeinschaft. Benjamin bezeichnet diese Gemeinschaft als magisch, im Sinne von „unmittelbar und unendlich"[39]. Ebenso magisch sei auch die Gemeinschaft der menschlichen Sprache mit den Dingen, doch beruhe diese nicht auf der Materie, sondern sei „immateriell und rein geistig"[40]. Der wesentliche Unterschied liege hierbei im Laut, über welchen die Dinge in ihrer Sprache nicht verfügen. Er sei das Symbol für die Vollkommenheit der menschlichen Sprache, welche ihn über die in der göttlichen Schöpfung entstandene Natur erhebe. In der Bibel ließe sich dies anhand der Formulierung verdeutlichen, „daß Gott dem Menschen den Odem einblies: das ist zugleich Leben und Geist und Sprache"[41].[42]

Benjamin führt die Entstehung der Sprache, wie in diesem Abschnitt erläutert, auf die Genesis zurück. Im folgenden Abschnitt soll nun, der Chronologie des Aufsatzes folgend, seine Vorstellung dieser Entstehung genauer betrachtet werden.

3. Die Sprache in der Genesis

Bevor Benjamin seine Ausführungen zur Genesis beginnt, weist er darauf hin, dass er keinesfalls eine Bibelinterpretation beabsichtige oder die heilige Schrift als offenbarte Wahrheit anerkenne. Es sei jedoch so, dass, wenn die Bibel sich selbst als Offenbarung betrachte, dann müsse sie auch „die sprachlichen Grundtatsachen entwickeln"[43]. Als weitere Anmerkung ist auf eine Unterscheidung im Hinblick auf die Textgrundlage hinzuweisen, welche Benjamin im Sprachaufsatz macht. Er spricht von einer „zweite[n] Fassung"[44] der Schöpfungsgeschichte, wobei er damit auf den Abschnitt Gen 2,4b-25 verweist. Die Bibelforschung arbeitet seit Jahrhunderten daran, die verschiedenen Quellen, aus denen sich der Pentateuch zusammensetzt, zu identifizieren. Dabei entstanden verschiedene Hypothesen zur Herkunft der einzelnen Textabschnitte, doch eine Tren-

---

[39] Benjamin, Walter: „Über Sprache überhaupt und über die Sprache des Menschen", S. 101.
[40] Ebd., S. 101.
[41] Ebd., S. 101.
[42] Vgl. ebd., S. 98ff.
[43] Ebd., S. 102.
[44] Ebd., S. 102.

nung der zwei Schöpfungsmythen gilt als eindeutig. Die erste, und vermutlich jüngere, Schöpfungsgeschichte umfasst den Abschnitt Gen 1,1 bis Gen 2,4a, während die zweite sich, wie bereits erwähnt, über Gen 2,4b-25 erstreckt. Dieser Hinweis soll deutlich machen, dass die zwei Schöpfungsmythen verschiedenen Ursprungs sind und sich somit auch in ihrer Sprache unterscheiden. Benjamin legt im Sprachaufsatz besonderen Wert auf jene Passagen, welche die Art und Weise beschreiben, auf die Gott die Welt und den Menschen erschaffen habe.

Bei Betrachtung der Genesis stößt Benjamin in beiden Schöpfungsmythen auf einen wesentlichen Unterschied zwischen der Schöpfung des Menschen und der vorangegangenen einzelnen Schöpfungsakte. Demnach sei die Erschaffung Adam und Evas die einzige Stelle, an der die biblische Sprache in der ersten Fassung vom gewohnten Rhythmus abweiche. Laut Benjamin sei das „Es werde" in diesem Rhythmus, ebenso wie das „Er nannte" ein deutlicher Hinweis auf die bedeutende Rolle, welche der Sprache während der Schöpfung zukomme. Das „Es werde" sei Ausdruck dafür, dass Gott die Natur aus dem Wort heraus geschaffen habe und das „Er nannte" verdeutliche, dass Gott die Dinge in ihrem Namen für den Menschen erkennbar mache. Neben dem „Es werde – Er machte (schuf) – Er nannte"[45], welches die Rhythmik in der Schöpfung der Natur darstelle, tauche in der Schöpfung des Menschen jedoch plötzlich ein dreifaches „Er schuf" auf.

> „Und Gott schuf den Menschen als sein Bild, als Bild Gottes schuf er ihn; als Mann und Frau schuf er sie."[46]

Dies drücke aus, dass Gott eben den Menschen nicht aus dem Wort heraus geschaffen habe, sondern in ihm die Sprache in die Welt entlassen habe. Die Tatsache, dass in diesem Vers auch der Wortlaut „Er nannte" vermisst würde, stärke diese These zusätzlich. Denn Gott, so Benjamin, habe die Dinge aus dem Wort geschaffen und in ihrem Namen erkannt. Der Mensch sei der Sprache, dem Medium der göttlichen Schöpfung, also nicht untergeordnet, sondern verfüge über sie, damit er die Dinge, auf die gleiche Weise, wie Gott es tue, in ihrem Namen erkennen könne.

> „Der Mensch ist der Erkennende derselben Sprache, in der Gott Schöpfer ist. Gott schuf ihn sich zum Bilde, er schuf den Erkennenden zum Bilde des Schaffenden."[47]

---

[45] Benjamin, Walter: „Über Sprache überhaupt und über die Sprache des Menschen", S. 102.
[46] *Zürcher Bibel*, Gen 1,27.
[47] Benjamin, Walter: „Über Sprache überhaupt und über die Sprache des Menschen", S. 103.

In der zweiten Fassung der Schöpfungsgeschichte lasse sich die Besonderheit in der Schöpfung des Menschen daran festmachen, dass allein bei der Erschaffung Adams ein Material, nämlich Erde, Verwendung finde.[48]

> „da bildete der HERR, Gott, den Mensch aus Staub vom Erdboden und blies Lebensatem in seine Nase. So wurde der Mensch ein lebendiges Wesen."[49]

Demnach habe Gott den Menschen nicht aus dem Wort erschaffen, sondern ihn aus Erde geformt. Die Sprache sei ihm somit nicht notwendig, aufgrund seiner Erschaffung, immanent. Stattdessen erhalte der Mensch sie als Gabe, in Form des „Lebensatem[s]" oder Odems, von Gott. Laut Benjamin sei es die Sprache, welche das geistige Wesen des Menschen darstelle, die ihn über die Natur, also die in der Sprache geschaffenen Dinge, erhaben mache. Benjamins weitere Ausführungen besagen, dass das sprachliche Wesen Gottes jenes Wort sei, in welchem er die Natur schuf. Die Sprache des Menschen sei lediglich ein „Reflex des Wortes im Namen"[50], d. h. der Mensch reagiere auf die sprachliche Mitteilung in den Dingen, für welche das schöpferische Wort Gottes verantwortlich sei, indem er sie benenne und sich somit Gott mitteile. In diesem Verhältnis sei zu beachten, dass sowohl die göttliche als auch die menschliche Sprache unendlich seien. Doch sei die Unendlichkeit der menschlichen Sprache „immer eingeschränkten und analytischen Wesens"[51], während das göttliche Wort uneingeschränkt und schaffend sei.

Benjamin sieht die Beziehung zwischen göttlicher und menschlicher Sprache am stärksten in der Namensgebung hervorkommen. Der Mensch sei nicht durch Gott benannt worden und habe deswegen, wie er auch nach der Schöpfung die Dinge benannt habe, die Aufgabe sich selbst einen Namen zu geben. So würden die Menschen ihren Nachkommen einen Namen geben, welchem keine metaphysische Bedeutung zukomme. Stattdessen habe der Eigenname die Funktion, das Kind Gott zu weihen und sei als

---

[48] An dieser Stelle muss erwähnt werden, dass in der zweiten Fassung des Schöpfungsmythos möglicherweise, entgegen Benjamins Behauptung, doch ein Material bei der Erschaffung der Tiere Verwendung findet. Demnach habe Gott sie „aus dem Erdboden" geschaffen. Bei der Erschaffung des Menschen ist hingegen die Rede davon, dass Gott Adam „aus Staub vom Erdboden" bildete. Ob erstere Formulierung als eine Schöpfung aus einem Material zu verstehen ist, bleibt hier unklar. Vgl. hierzu *Zürcher Bibel*, Gen 2,19.

[49] *Zürcher Bibel*, Gen 2,7.

[50] Benjamin, Walter: „Über Sprache überhaupt und über die Sprache des Menschen", S. 103.

[51] Ebd., S. 103.

„Wort Gottes in menschlichen Lauten"[52] zu verstehen. Aus diesem Verhältnis, in dem göttliche und menschliche Sprache zueinander stünden, ergebe sich eine enge Bindung.

> „Der Eigenname ist die Gemeinschaft des Menschen mit dem *schöpferischen* Wort Gottes. (Es ist dies nicht die einzige, und der Mensch kennt noch eine andere Sprachgemeinschaft mit Gottes Wort.)"[53]

Diese andere Sprachgemeinschaft, auf die Benjamin verweist, sei die Gemeinschaft mit der Sprache der Dinge.[54] Aus diesen zwei Verbindungen konstruiert er ein drei Ebenen umfassendes, *hierarchisches Sprachmodell*, welches im folgenden Abschnitt erläutert werden soll.

4. Die Auswirkungen des Sündenfalls auf die Sprache

Im Mittelpunkt dieses Abschnitts soll stehen, durch die von Benjamin behauptete hierarchische Anordnung einen Überblick über seine grundlegende Sprachtheorie zu gewinnen und im weiteren Verlauf dann zu klären, inwiefern der biblische Sündenfall und dessen Folgen diese Hierarchie stören. Hierzu ist es allerdings notwendig, zunächst noch einmal kurz auf die Rolle der Namen in Benjamins Konzept zurückzukommen.

> „Im Namen ist das Wort Gottes nicht schaffend geblieben, es ist an einem Teil empfangend, wenn auch sprachempfangend, geworden. Auf die Sprache der Dinge selbst, aus denen wiederum lautlos und in der stummen Magie der Natur das Wort Gottes hervorstrahlt, ist diese Empfängnis gerichtet."[55]

Aus dieser Passage geht hervor, dass die Sprache in dem Moment, in welchem sie als Gabe von Gott an den Menschen weitergegeben worden sei, eine Veränderung durchlaufen habe. Aus ihrem schaffenden Charakter, den sie während der göttlichen Schöpfung inne gehabt habe, sei nunmehr ein empfangender Charakter geworden. Sie empfange die Sprache der Dinge, eine namenlose Sprache, sodass der Mensch sie in seine Namensprache übersetzen könne. Dabei sei es von Belang, zu beachten, dass diese

---

[52] Benjamin, Walter: „Über Sprache überhaupt und über die Sprache des Menschen", S. 104.
[53] Ebd., S. 104.
[54] Vgl. ebd., S. 101.
[55] Ebd., S. 104.

Übersetzung nicht auf „abstrakte Gleichheits- und Ähnlichkeitsbezirke"[56] zurückzuführen sei, sondern das ihr ein „Kontinuum von Verwandlungen"[57] zugrunde liege. Benjamin schreibt, man müsse die verschiedenen Sprachen, also das Wort Gottes, die Menschensprache und die Sprache der Dinge, als „Medien verschiedener Dichte"[58] begreifen. Gott habe dem Menschen die Aufgabe erteilt, die Sprache der Dinge, d. h. die geistige Mitteilung in den Dingen, zu erkennen und sie in seine Namensprache zu übersetzen. Möglich sei dies durch den gemeinsamen, göttlichen Ursprung beider Sprachen. Das schaffende Wort und der erkennende Name fänden somit eine Identität in Gott.

> „Die Übersetzung der Sprache der Dinge in die des Menschen ist nicht nur Übersetzung des Stummen in das Lauthafte, sie ist die Übersetzung des Namenlosen in den Namen. Das ist also die Übersetzung einer unvollkommenen Sprache in eine vollkommenere, sie kann nicht anders als etwas dazu tun, nämlich die Erkenntnis. Die Objektivität dieser Übersetzung ist aber in Gott verbürgt. Denn Gott hat die Dinge geschaffen, das schaffende Wort in ihnen ist der Keim des erkennenden Namens, wie Gott auch am Ende jedes Ding benannte, nachdem es geschaffen war."[59]

Aus diesem Übersetzungsverhältnis, beruhend auf der Dichte, bzw. der Vollkommenheit der einzelnen Sprachen, entwickelt Benjamin ein dreistufiges Modell. An dessen Spitze stehe das schöpferische Wort Gottes als vollkommener Ursprung jeglicher Form von Sprache. Diesem sei die menschliche Sprache untergeordnet. Jene sei im biblischen Paradies laut Benjamin noch die „vollkommen erkennende"[60] Sprache gewesen, doch habe der Sündenfall eine Differenzierung in verschiedene Sprachen zur Folge gehabt und auf diese Weise das Erkenntnispotential der menschlichen Sprache verringert. Aber dennoch sei die namenlose Sprache der Dinge auch der Menschensprache unterzuordnen. Sie teile lediglich stumm das geistige Wesen der Dinge mit. Die Differenzierung der einen im Paradies existenten menschlichen Sprache in verschiedene Sprachen, sei, wie bereits erwähnt, auf den Sündenfall zurückzuführen. Benjamin beschreibt sie konkret als „Folge der Austreibung aus dem Paradiese"[61], erwähnt jedoch auch, dass die Bibel diese Aufspaltung der einen Menschensprache auf ein späteres Ereignis festlege. Gemeint ist an dieser Stelle der Turmbau zu Babel, auf welchen laut der Bibel Gott rea-

---

[56] Benjamin, Walter: „Über Sprache überhaupt und über die Sprache des Menschen", S. 105.
[57] Ebd., S. 105.
[58] Ebd., S. 105.
[59] Ebd., S. 105.
[60] Ebd., S. 106.
[61] Ebd., S. 106.

giert habe, indem er die Sprache der Menschen verwirrte und sie über die Erde zerstreute.[62] Auf welche Weise der Sündenfall sich genau auf das Wesen der Sprache ausgewirkt haben soll, wird im Folgenden erläutert.

> „Nur von den Früchten des Baumes in der Mitte des Gartens hat Gott gesagt: Ihr dürft nicht davon essen, und ihr dürft sie nicht anrühren, damit ihr nicht sterbt. Da sprach die Schlange zur Frau: Mitnichten werdet ihr sterben. Sondern Gott weiss, dass euch die Augen aufgehen werden und dass ihr wie Gott sein und Gut und Böse erkennen werdet, sobald ihr davon esst. Da sah die Frau, dass es gut wäre, von dem Baum zu essen, und dass er eine Lust für die Augen war und dass der Baum begehrenswert war, weil er wissend machte, und sie nahm von seiner Frucht und ass. Und sie gab auch ihrem Mann, der mit ihr war, und er ass.“[63]

Diese Zeilen aus dem Sündenfall berichten von der Verlockung, welcher Eva ausgesetzt ist. Die Schlange verspricht ihr das begehrte Wissen darüber, „was gut und böse ist“[64]. Laut Benjamin sei dieses Wissen, dass Adam und Eva erlangen sollen, nachdem sie die Früchte vom Baum der Erkenntnis essen, jedoch ein Wissen, welches sich außerhalb des Namens befinde.

> „Der Sündenfall ist die Geburtsstunde des *menschlichen Wortes*, in dem der Name nicht mehr unverletzt lebte, das aus der Namensprache, der erkennenden, man darf sagen: der immanenten eigenen Magie heraustrat, um ausdrücklich, von außen gleichsam, magisch zu werden.“[65]

Benjamin will hier ausdrücken, dass eine Sprache, welche über den Namen hinausgehe, allein Gott vorbehalten sei. Das schöpferische Wort Gottes sei ohne den Namen ausgekommen und der Mensch würde, wenn er versuche dies in seiner Namensprache ebenfalls zu tun, dieses Gotteswort nachahmen bzw. parodieren. Zudem sei die Erkenntnis über Gut und Böse, welche durch den Sündenfall geweckt worden sei, jene über das richtende Wort gewesen. Diesem richtenden Wort, dem Urteil, sei „die Erkenntnis von gut und böse unmittelbar“[66], d. h. es verzichtet auf den Namen und bestraft seine eigene Erweckung mit der Vertreibung des Menschen aus dem Paradies. Dieses Ereignis, welches chronologisch mit dem Sündenfall zusammenfalle, bildet für Benjamin den Ursprung der modernen, postparadiesischen Menschensprache. Hierzu führt er drei wesentliche Veränderungen an, die der Sündenfall hervorgerufen habe: Zum einen habe

---

[62] Vgl. *Zürcher Bibel*, Gen 11,1-9.
[63] Ebd., Gen 3,3-6.
[64] *Die Bibel*, Stuttgart 1985, 1.Mose 3,5.
[65] Benjamin, Walter: „Über Sprache überhaupt und über die Sprache des Menschen“, S. 106.
[66] Ebd., S. 107.

der Mensch die Sphäre der Namen verlassen. Er belasse die Sprache daher nicht als Medium, sondern mache sie zur Mitteilung von Inhalten und gar zum „*bloßen* Zeichen"[67]. Das Heraustreten aus dem Namen habe so auch die heutige Vielheit der menschlichen Sprachen zur Folge. Zweitens habe sich die „Magie des Urteils"[68] aus ihrem Zustand der seligen Ruhe erhoben. Die Erkenntnis über Gut und Böse, welche der Mensch erlange, sei namenlos. Daraus ergebe sich die dritte Folge, dass der Mensch durch das Heraustreten aus dem Namen und die Erweckung des richtenden Urteils die Fähigkeit zur Abstraktion, welche eben keine konkrete Benennung der Dinge sei, erworben habe. Aus diesen Annahmen entwickelt Benjamin eine wichtige Unterscheidung in der modernen Menschensprache: Jene zwischen den konkreten und den abstrakten Sprachelementen.

> „Nach dem Sündenfall ist die menschliche Sprache also nicht nur ärmer – an Sprachseligkeit – geworden, sondern durch die Befähigung zu Urteil und Abstraktion auch reicher. Beide Zustände wirken in der Sprache fort. Was Benjamin als die konkreten Sprachelemente bezeichnet, geht auf die Namensprache zurück; was er die abstrakten Sprachelemente nennt, ist im richtenden Wort und Urteil fundiert."[69]

Seit dem Sündenfall spreche der Mensch also nicht mehr allein im Namen. Demnach sei die menschliche Sprache, welche in Benjamins Aufsatz zuvor als von Gott gegebenes Medium zu verstehen war, nun auch Mittel zur Mitteilung von Inhalten. Mit der Emanzipation von den Dingen, deren Wesen der Mensch auch nach dem Sündenfall noch im Namen erkenne, spreche der Mensch nicht länger über real existierende Gegenstände. Er verfalle laut Benjamin in Geschwätz. „Denn [...] Geschwätz war die Frage nach dem Gut und Böse in der Welt nach der Schöpfung."[70] Aus dieser Abkehr von den Dingen resultiere die heutige Sprachverwirrung, die Aufteilung der einen paradiesischen Sprache in viele verschiedene.

Aufgrund der Sprachverwirrung habe sich auch das Wesen der Natur verändert. Sie strahle nun eine Trauer aus, welche zum einen in ihrer Stummheit, zum anderen in ihrer Überbenennung begründet sei. Jedes Ding in der Natur habe seinen Eigennamen durch das schöpferische Wort Gottes erhalten. Dieser sei dann durch die erkennende Menschensprache zu dessen Namen geworden. Nun würden jedoch die vielen menschli-

---

[67] Benjamin, Walter: „Über Sprache überhaupt und über die Sprache des Menschen", S. 107.
[68] Ebd., S. 107.
[69] Kramer, Sven: *Walter Benjamin zur Einführung*, S. 20f.
[70] Benjamin, Walter: „Über Sprache überhaupt und über die Sprache des Menschen", S. 108.

chen Sprachen, „in denen der Name schon welkte"[71], trotz der Verwirrung nach dem Sündenfall, den Namen der Dinge erkennen. Benannt werden sie allerdings in vielen verschiedenen Sprachen, sodass ihre Bezeichnungen in der Menschensprache von ihrem eigentlichen Eigennamen, welchen sie durch Gott erhalten hätten, abweichen würden.

> „Die Dinge haben keine Eigennamen außer in Gott. Denn Gott rief im schaffenden Wort freilich bei ihren Eigennamen sie hervor. In der Sprache der Menschen aber sind sie überbenannt."[72]

Laut Benjamin deute die Überbenennung auf ein weiteres Phänomen innerhalb der Menschensprache hin. Dies sei die Überbestimmtheit, welche sich „im tragischen Verhältnis zwischen den Sprachen der sprechenden Menschen"[73] befände. Weitere Erläuterungen zu diesem Verhältnis finden sich im Text nicht, sodass an dieser Stelle nicht weiter darauf eingegangen werden kann. Des Weiteren spricht Benjamin im Sprachaufsatz kurz die Rolle der Sprache in den verschiedenen Kunstformen an. Diese werden den Ausgangspunkt für die Untersuchungen zur Sprache der Kunstwerke bilden und finden ihren Platz daher im zweiten Teil der Arbeit.

An diesem Punkt soll, gewissermaßen als Resümee des ersten großen Abschnitts dieser Arbeit, wieder an den Zusammenhang, welchen Benjamin in seinem Denkbild „Der Baum und die Sprache" beschreibt, angeknüpft werden. Es ergibt sich nun ein genaues Bild der Beziehung, die zwischen dem Baum und der Sprache Benjamins, bzw. des Ich-Erzählers, vorherrscht. Jene „uralte Vermählung", von der Benjamin spricht, ist die Verbindung, welche durch den Vorgang der Benennung entstehe. Der Baum teile dem Erzähler sein sprachliches Wesen mit, wodurch dieser dazu in der Lage sei, ihn zu benennen. Dies tut auch Benjamin, indem er das Ding, welches er beobachtet, als „Baum" benennt. Hierbei ist zu bedenken, dass laut Benjamins Theorie jenem Ding aufgrund der Überbenennung auch andere Bezeichnungen, wie z. B. „tree" im Englischen, zukommen würden. Der Text selbst, in gewisser Weise die Frucht dieser Beziehung, gelange nun „als Bilderrede unter alle Welt". Dabei, folgt man Benjamins Argumentation aus dem Sprachaufsatz, teile der Erzähler sich aber vorrangig nicht seinen Mitmenschen mit, auch wenn wir bis heute dazu in der Lage sind seine Mitteilung, in Form des Textes, zu empfangen, sondern er teile sich in erster Linie Gott mit. Hierzu entwirft Benja-

---

[71] Benjamin, Walter: „Über Sprache überhaupt und über die Sprache des Menschen", S. 109.
[72] Ebd., S. 109.
[73] Ebd., S. 109.

min zum Abschluss von „Über Sprache überhaupt und über die Sprache des Menschen"
das Bild eines Stroms, welcher sich innerhalb der hierarchischen Anordnung durch die
verschiedenen Ebenen der Sprache aufwärts bewege.

> „Die Sprache eines Wesens ist das Medium, in dem sich sein geistiges Wesen mitteilt. Der ununterbrochene Strom dieser Mitteilung fließt durch die ganze Natur vom niedersten Existierenden bis zum Menschen und vom Menschen zu Gott."[74]

Dabei habe jede Form der Sprache ihren Ursprung im schöpferischen Wort Gottes, sodass der Mensch dazu in der Lage sei, die stumme Sprache der Dinge in seine Namensprache zu übersetzen, indem er die Dinge im Namen erkenne. Auf diese Weise teile er sich Gott mit und leite den Strom der Sprache an seinen Ursprung und die Spitze der Hierarchie zurück.

Nun ist es jedoch so, dass der Text „Der Baum und die Sprache" nicht nur als benennende Mitteilung an Gott, sondern auch als literarisches Werk zu verstehen ist. Er ist eine Form von Kunst, und eben solche Kunstwerke, nicht nur literarischer Art, stehen in den folgenden beiden Abschnitten der Arbeit im Mittelpunkt. Es stellt sich die Frage, welche Rolle die Sprache der Dinge in diesem Zusammenhang spielt und auf welche Weise sich der Künstler, bzw. der Schriftsteller oder Dichter, in seinen Werken mitteilt. Die Kapitel II und III sollen daher mögliche Antworten auf diese Fragen liefern, wie sie aufgrund von Benjamins Schriften entwickelt werden können.

---

[74] Benjamin, Walter: „Über Sprache überhaupt und über die Sprache des Menschen", S. 110.

II. DIE SPRACHE IN KUNST UND DICHTUNG

Eine wichtige Rolle in Benjamins Schriften nehmen die kultur- und medientheoretischen Texte ein, in welchen er sich mit der Literatur und der Kunst sowie deren Einfluss auf die Gesellschaft auseinander setzt. So entstanden viele Arbeiten zu unterschiedlichen Schriftstellern und Dichtern: Goethe, Kafka, Dostojewskij, Baudelaire oder Brecht, um nur einige Namen zu nennen. Hierbei nehmen die zwei zuletzt genannten eine besondere Rolle ein. Benjamin übersetzte viele Texte Baudelaires aus dem Französischen, wobei er seine persönliche Einstellung und Motivation zu dieser Tätigkeit in der Schrift „Die Aufgabe des Übersetzers" festhielt. Brecht hingegen war ein Freund und Vertrauter Benjamins. Genauere Beobachtungen lassen sogar einen gegenseitigen Einfluss, sowohl in Bezug auf die Formulierung von Benjamins Theorie der sozialen Funktion des Kunstwerks, als auch auf die Art der Inszenierung in Brechts Dramen, vermuten. Die Theorie des Kunstwerks, welches sich vom Ritual und der Tradition emanzipiert und seine neue Funktion im Sozialen findet, hat Benjamin in einem seiner bedeutendsten Aufsätze, mit dem Titel „Das Kunstwerk im Zeitalter seiner technischen Reproduzierbarkeit", entwickelt. Grundlage dafür ist die These vom Auraverlust, bewirkt durch die häufige Reproduktion und den Wegfall des Originals. Die Aura selbst jedoch fand bereits in einem früheren Text, dem Essay „Kleine Geschichte der Photographie", Erwähnung. Die Frage jedoch, inwiefern die Aura mit der Sprache der Dinge gleichzusetzen sei, bleibt zunächst offen und muss daher im folgenden Abschnitt genauer beleuchtet werden. Hierzu sollen die zwei Theorien, wie sie im Sprach-, bzw. im Kunstwerk-Aufsatz formuliert werden, einander gegenübergestellt und auf Gemeinsamkeiten hin überprüft werden. Am Ende dieses zweiten Teils der Arbeit soll ein Urteil gefällt werden, welches eine Aussage zur Vereinbarkeit von Benjamins früher Sprachtheorie mit seinen späteren Ausführungen zu Kunst und Literatur macht.

1. Die Funktion der Sprache in der Kunstproduktion

„Was ist eigentlich Aura? Ein sonderbares Gespinst von Raum und Zeit: einmalige Erscheinung einer Ferne, so nah sie sein mag. An einem Sommermittag ruhend einem Gebirgszug am Horizont oder einem Zweig folgen, der seinen Schatten auf den Betrachter wirft, bis der Augenblick oder die Stunde Teil an ihrer Erscheinung hat – das heißt die Aura dieser Berge, dieses Zweiges atmen."[75]

Benjamins Definition der Aura, an dieser Stelle aus „Kleine Geschichte der Photographie" übernommen, aber in ähnlichem Wortlaut auch im Kunstwerk-Aufsatz zu finden, liefert zunächst keine genaue Erklärung des Begriffs.[76] Doch bei aufmerksamer Lektüre der letztgenannten Schrift fügt sich ein Bild der Aura zusammen, welches auf den rituellen und kultischen Ursprung des Kunstwerkes, auf dessen *Tradition*, zurückzuführen sei. So liege, laut Benjamin, die Aura eines Werkes darin begründet, dass es seine Verwendung in einer religiösen oder anderweitig kultischen Zeremonie finde. Denn „[d]*er einzigartige Wert des ‚echten' Kunstwerks hat seine Fundierung immer im Ritual*"[77]. Dieses „Eingebettetsein in den Zusammenhang der Tradition"[78] sei für die Existenz der Aura verantwortlich. Hinzu komme das Dasein des Werks als Original: Das „Hier und Jetzt des Kunstwerks – sein einmaliges Dasein an dem Orte, an dem es sich befindet"[79] und seine damit verbundene einzigartige Geschichte würden für seine *Echtheit* garantieren. Diese, Tradition und Echtheit, würden gemeinsam die Einzigartigkeit des Kunstwerks ausmachen, welche durch die technische Reproduktion, aber auch durch die Reproduktion im generellen Sinne, verloren gehe, da in modernen Kunstformen wie der Photographie oder dem Film nicht weiter festzustellen sei, welche Kopie das ursprüngliche Original darstelle. Harth versteht dieses Verhältnis als historischen Ablauf, in welchem sich das Kunstwerk zunächst von seiner Tradition, der Fundierung im Ritual, emanzipiert habe, sodass lediglich die Echtheit erhalten geblieben sei. Nachdem auch diese aufgrund der technischen Reproduktion verloren gegangen sei, habe dies den vollständigen Verlust der Aura mit sich gezogen.[80] Durch die Emanzipation vom Ritual und den Verlust seiner Echtheit habe die Kunst, so Benjamin, eine vollkommen neue Funktion entwickelt. Diese sei nicht länger auf das ästhetische

---

[75] Benjamin, Walter: „Kleine Geschichte der Photographie", in: ders.: *Aura und Reflexion*. Frankfurt am Main 2007, S. 363.

[76] Vgl. Benjamin, Walter: „Das Kunstwerk im Zeitalter seiner technischen Reproduzierbarkeit – Zweite Fassung", in: ders.: *Aura und Reflexion*. Frankfurt am Main 2007, S. 383.

[77] Ebd., S. 384.

[78] Ebd., S. 383.

[79] Ebd., S. 380.

[80] Vgl. Harth, Dietrich/Grzimek, Martin: „*Aura* und *Aktualität* als ästhetische Begriffe", in: Gebhardt, Peter [u. A.]: *Walter Benjamin*, Kronberg/Ts. 1976, S. 115.

Bewusstsein, sondern mit der Entwicklung der technischen Reproduktion auf das gesellschaftliche Leben gerichtet.[81]

> „In dem Augenblick aber, da der Maßstab der Echtheit an der Kunstproduktion versagt, hat sich die gesamte soziale Funktion der Kunst umgewälzt. An die Stelle ihrer Fundierung aufs Ritual hat ihre Fundierung auf eine andere Praxis zu treten: nämlich ihre Fundierung auf Politik.“[82]

Nach dieser kurzen Zusammenfassung der Theorie, welche Benjamin im Kunstwerk-Aufsatz entwickelt, stellt sich die Frage, inwiefern hier die Sprache eine Rolle spielt. Die Antwort liegt auf der Hand, sobald sich der wesentliche Unterschied zwischen der Sprache der Dinge, welche im Sprachaufsatz beschrieben wird, und der Aura des Kunstwerks zu erkennen gibt.

Um der Antwort näher zu kommen, soll noch einmal ein Blick auf Benjamins frühes sprachtheoretisches Essay fallen. Demnach sei es notwendig, dass einem jeden Kunstwerk eine Art der Sprache innewohne, da die Materialien, aus denen es vom Menschen gefertigt worden sei, ihren Ursprung in der göttlichen Schöpfung hätten. Die Frage, die sich stellt, ist die, ob die kreative Arbeit des Menschen es vollbringen kann, eine Form von Sprache gewissermaßen in das Kunstwerk hineinzulegen. Eine mögliche Antwort findet sich bei Benjamin in einer Formulierung, welche zunächst klarstellen soll, dass die Kunst, unter diesen Begriff fällt hier auch die Dichtung, von der menschlichen Sprache gänzlich unabhängig sei.

> „Hierin aber kündigt sich an, daß allein das höchste geistige Wesen, wie es in der Religion erscheint, rein auf dem Menschen und der Sprache in ihm beruht, während alle Kunst, die Poesie nicht ausgenommen, nicht auf dem allerletzten Inbegriff des Sprachgeistes, sondern auf dinglichem Sprachgeist, wenn auch in seiner vollendeten Schönheit, beruht.“[83]

Diese Zeilen drücken klar und deutlich aus: Nicht die menschliche Sprache, also die des Künstlers, sei grundlegend verantwortlich für die Sprache, welche aus den Kunstwerken hervorstrahle, sondern die Sprache der Dinge. Benjamin stellt an einer späteren Stelle im Sprachaufsatz Vermutungen an, dass dies zumindest bei der „Sprache der Plastik oder Malerei“[84] der Fall sei, er lässt allerdings die Möglichkeit offen, dass der Poesie hingegen ein Ursprung in der menschlichen Namensprache zukomme. Hierzu sollen

---

[81] Vgl. Benjamin, Walter: „Das Kunstwerk im Zeitalter seiner technischen Reproduzierbarkeit – Zweite Fassung“, S. 383ff.
[82] Ebd., S. 385.
[83] Benjamin, Walter: „Über Sprache überhaupt und über die Sprache des Menschen“, S. 101.
[84] Ebd., S. 109.

Benjamins Ausführungen, auf welche bereits zum Ende des ersten Kapitels der Arbeit hingewiesen wurde, genauer betrachtet werden.

> „Es gibt eine Sprache der Plastik, der Malerei, der Poesie. So wie die Sprache der Poesie in der Namensprache des Menschen, wenn nicht allein, so doch jedenfalls mit fundiert ist, ebenso ist es sehr wohl denkbar, daß die Sprache der Plastik oder Malerei etwa in gewissen Arten von Dingsprachen fundiert sei, daß in ihnen eine Übersetzung der Sprache der Dinge in eine unendlich viel höhere Sprache, aber doch vielleicht derselben Sphäre, vorliegt."[85]

Die Idee, welche Benjamin hier präsentiert, ist die, dass die Kunstproduktion vielmehr als eine Art der Übersetzung zu verstehen sei, und nicht, wie zunächst in der Fragestellung vermutet, als ein Hineinlegen von Sprache in das Kunstwerk. Demnach könne jene Sprache, welche als geistige Mitteilung des Kunstwerks zu verstehen sei, nicht mit der Sprache der Dinge identisch sein. Näher liegt hingegen die Vorstellung, dass der Sprache der Kunstwerke die Sprache der Dinge zugrunde liege. Diese würde dann durch den Prozess der Kunstproduktion in eine vollkommen neue Sprache übersetzt bzw. übertragen. Somit kann aus Benjamins Ausführungen herausgelesen werden, dass der Künstler die Rolle eines Übersetzers einnehme. Seine Aufgabe sei es somit, die aus den Dingen herausstrahlende Dingsprache, welche ihren Ursprung im schöpferischen Wort Gottes habe, in eine Sprache der Kunstwerke zu übertragen, ohne dass sich seine eigene Namensprache bei diesem Prozess in dem jeweiligen Kunstwerk manifestiere. Doch welcher Art ist diese Dingsprache, die dem Prozess des künstlerischen Schaffens als Ausgangspunkt diene?

> „Es handelt sich hier um namenlose, unakustische Sprachen, um Sprachen aus dem Material; dabei ist an die materiale Gemeinsamkeit der Dinge in ihrer Mitteilung zu denken."[86]

Es sei die geistige Mitteilung, die allen Dingen, aufgrund ihres Ursprungs im Wort Gottes, gemein sei. Dem Künstler gelinge es, diese in seiner Namensprache zu erkennen und in eine Sprache der Kunstwerke, welche den namenlosen und lautlosen Sprachen beizuzählen sei, zu übersetzen.[87] Damit steht auch fest, dass die Sprache der Kunstwerke *nicht* mit der im Kunstwerk-Aufsatz beschriebenen Aura identisch sein kann. Letztere müsse auf die Manifestation des Kunstwerks in seiner Tradition und dessen Dasein

---

[85] Benjamin, Walter: „Über Sprache überhaupt und über die Sprache des Menschen", S. 109.
[86] Ebd., S. 109.
[87] Vgl. ebd., S. 101, S. 109f.

im Hier und Jetzt zurückgeführt werden, während die Sprache der Kunstwerke als eine Übersetzung der durch das Gotteswort entstandenen Dingsprache zu verstehen sei.

Benjamins genaue Definition des Begriffs der Übersetzung findet ihren Platz im folgenden Kapitel, welches sich mit seinem Aufsatz „Die Aufgabe des Übersetzers" auseinander setzt. Im weiteren Verlauf soll dann der Prozess der Kunstproduktion, seinem Verständnis als Form der Übersetzung nach, weiter ausgeführt werden.

2. Benjamins Theorie der Übersetzung

Es existiert kein Hauptwerk, in welchem Benjamin seine Theorie der Übersetzung ausführlich vor dem Leser ausbreitet, doch wenn eine Schrift zu diesem Thema als zentral zu gelten habe, sei dies der Aufsatz „Die Aufgabe des Übersetzers", zumal er sich darin auf die im Essay „Über Sprache überhaupt und über die Sprache des Menschen" geschaffenen Grundlagen seiner Sprachtheorie berufe. Der Text erschien zum ersten Mal als Vorwort der 1923 veröffentlichten Baudelaire-Übersetzungen.[88]

Zu Beginn des Übersetzer-Aufsatzes verweist Benjamin auf eine Besonderheit im Wesen eines lyrischen Textes: In dessen Zentrum stünde nicht etwa die inhaltliche Mitteilung, sondern dasjenige, was er zunächst als das „Unfassbare, Geheimnisvolle, ‚Dichterische'"[89] bezeichnet. Dieses Verhältnis führt später zu der wesentlichen Unterscheidung zwischen dem intentionalen Inhalt, dem *Gemeinten*, und dem Ton, der *Art des Meinens*, einer Mitteilung. Des Weiteren legt Benjamin eine wichtige Grundlage für seine Ausführungen, bestehend darin, dass einem lyrischen Text, wenn er übersetzt werde, seine Übersetzbarkeit bereits zuvor notwendig immanent gewesen sein müsse. Nur dies garantiere überhaupt die Möglichkeit, ihn zu übersetzen. Dies führt Benjamin zu dem Verhältnis, in welchem Original und Übersetzung zueinander stünden. Denn obwohl die Übertragung in eine fremde Sprache keinen direkten Einfluss auf die ursprüngliche Dichtung habe, befänden sich beide in einem gemeinsamen „Zusammenhang des Lebens"[90]. In diesem Zusammenhang wirke die Übersetzung in gewisser Weise indirekt auf das Original ein, wobei Benjamin hierbei „der Gedanke vom Leben und Fortleben

---

[88] Vgl. Kramer, Sven: *Walter Benjamin zur Einführung*, S. 22.

[89] Benjamin, Walter: „Die Aufgabe des Übersetzers", in: ders.: *Aura und Reflexion*, Frankfurt am Main 2007, S. 111.

[90] Ebd., S. 112.

der Kunstwerke"[91] als Ausgangspunkt dient. Dieser Gedanke kann als Vorläufer einer von Benjamin zu einem späteren Zeitpunkt entwickelten, in dieser Arbeit jedoch bereits erwähnten Idee aufgefasst werden: Das „Fortleben der Kunstwerke" ist mit deren Dasein in einem Verhältnis zur Geschichte gleichzusetzen, welches laut Benjamins Ausführungen im Kunstwerk-Aufsatz für deren Echtheit bürge.[92] Mit diesem Verhältnis begründet Benjamin seine These, dass die Übersetzung den Inhalt eines Textes nicht bloß wiedergebe, sondern ihn zudem in sprachlicher Hinsicht weiterentwickle, d. h. „[d]ie Übersetzung gewinnt also neben der rezeptiven Dimension auch eine produktive"[93]. Benjamins Argumentation zielt darauf hin, dass eine Übersetzung auch immer eine Form der Rezeption eines Originals sei, welche den historischen Kontext in den Prozess des Übersetzens mit einbeziehe. Auf diese Weise gelinge es der Übersetzung, einen Prozess der „Nachreife"[94] in Bezug auf das Original zu bewirken.

> „In ihnen erreicht das Leben des Originals seine stets erneute späteste und umfassendste Bedeutung."[95]

Im Weiteren greift Benjamin den Punkt der Zweckmäßigkeit einer Übersetzung auf, welche darin liege, die Verwandtschaft aller Sprachen untereinander zu stärken. Denn alle menschlichen Sprachen seien, bedenkt man Benjamins These aus dem Sprachaufsatz, bis zu demselben Ursprung, nämlich dem schöpferischen Wort Gottes, zurückzuverfolgen.[96]

> „Jenes gedachte, innerste Verhältnis der Sprachen ist aber das einer eigentümlichen Konvergenz. Es besteht darin, daß die Sprachen einander nicht fremd, sondern a priori und von allen historischen Beziehungen abgesehen einander in dem verwandt sind, was sie sagen wollen."[97]

Diese Beziehung sei der Art, dass eben jenes, „was sie sagen wollen", die den menschlichen Sprachen gemeinsame Intention, das Gemeinte in der Sprache sei. In der Art des Meinens, dem eigentümlichen Ton, seien die Sprachen jedoch verschieden. Nun gelänge es der Übersetzung, diese verschiedenen Arten des Meinens zu überwinden, indem

---

[91] Ebd., S. 112f.
[92] Vgl. Benjamin, Walter: „Das Kunstwerk im Zeitalter seiner technischen Reproduzierbarkeit – Zweite Fassung", S. 380.
[93] Kramer, Sven: *Walter Benjamin zur Einführung*, S. 23.
[94] Benjamin, Walter: „Die Aufgabe des Übersetzers", S. 114.
[95] Ebd., S. 113.
[96] Vgl. Benjamin, Walter: „Über Sprache überhaupt und über die Sprache des Menschen", S. 106.
[97] Benjamin, Walter: „Die Aufgabe des Übersetzers", S. 114.

sie gewissermaßen ineinander gefügt würden, und die gemeinsame Intention, d. h. das eigentliche Gemeinte oder die gemeinsame Mitteilung, zu verdeutlichen.

> „Vielmehr beruht alle überhistorische Verwandtschaft der Sprachen darin, daß in ihrer jeder als ganzer jeweils eines und zwar dasselbe gemeint ist, das dennoch keiner einzelnen von ihnen, sondern nur der Allheit ihrer einander ergänzenden Intentionen erreichbar ist: die reine Sprache."[98]

Jene „reine Sprache", welche den Menschen während des paradiesischen Zustandes zur Verfügung gestanden habe, sei der Ursprung dieser gemeinsamen Intention, auf dem die Verwandtschaft aller Sprachen beruhe. Benjamin projiziert die messianische Erwartung des Judentums an dieser Stelle auf die Sprache, d. h. dass die menschliche Sprache mit der Offenbarung bzw. Erlösung, wieder der reinen Sprache gleichkomme. Die Übersetzung habe laut ihm die Aufgabe, die gemeinsame Intention der Sprachen und den Fortschritt im „heilige[n] Wachstum der Sprachen"[99] zu überprüfen. Dieser Prozess sei so zu verstehen, dass ein Original in seiner Übersetzung wachse und durch diese auf eine höhere Sphäre der Sprache hindeute. Doch könne die Übersetzung ein Original nur kurzzeitig „in einen gleichsam höheren und reineren Luftkreis der Sprache"[100] erheben und somit der reinen Sprache näher bringen.

> „Damit ist allerdings zugestanden, daß alle Übersetzung nur eine irgendwie vorläufige Art ist, sich mit der Fremdheit der Sprachen auseinanderzusetzen. Eine andere als zeitliche und vorläufige Lösung dieser Fremdheit, eine augenblickliche und endgültige, bleibt den Menschen versagt oder ist jedenfalls unmittelbar nicht anzustreben."[101]

Bevor Benjamin auf die Aufgabe des Übersetzers im Einzelnen eingeht, ist somit bereits deutlich, dass es als unmöglich anzusehen sei, dass die Übersetzung selbst einen echten Fortschritt in Richtung der Wiederherstellung der reinen, paradiesischen Sprache verzeichnen könne.[102]

Zunächst sei die Aufgabe des Übersetzers klar von der des Dichters zu unterscheiden. So verweist Benjamin z. B. auf Martin Luther oder Johann Heinrich Voß, deren Übersetzungen der Bibel bzw. der Werke Homers zu den bedeutendsten der Geschichte gezählt werden können. Dennoch seien diese Personen nicht als Dichter zu be-

---

[98] Benjamin, Walter: „Die Aufgabe des Übersetzers", S. 115.
[99] Ebd., S. 116.
[100] Ebd., S. 116.
[101] Ebd., S. 116.
[102] Vgl. ebd., S. 111ff.

zeichnen. Aus dieser Unterscheidung folge auch eine Verschiedenheit in der Intention von Original und Übersetzung, denn „die des Dichters ist naive, erste, anschauliche, die des Übersetzers abgeleitete, letzte, ideenhafte Intention"[103]. Demnach sei es die konkrete Aufgabe des Übersetzers, „diejenige Intention auf die Sprache, in die übersetzt wird, zu finden, von der aus in ihr das Echo des Originals erweckt wird"[104]. Auf diese Weise solle es ihm gelingen, die gemeinsame Intention von Original und Übersetzung herauszuarbeiten, sodass sich die zwei Sprachen in ihrer voneinander unterschiedenen Art des Meinens einer reinen Sprachen, in welcher diese übereinkommen würden, annähern könnten. Es reiche jedoch nicht aus, den bloßen *Sinn* des Originals, also das Gemeinte, in die Übersetzung zu übertragen, da dieser, wie bereits an früherer Stelle erwähnt, nicht den wesentlichen Anteil einer Dichtung ausmache. Das Gemeinte sei in einem Gedicht jederzeit an die Art des Meinens, das „Dichterische", gebunden, sodass es notwendig sei, zugunsten dieses dichterischen Tonfalls auch auf eine präzise, wörtliche Wiedergabe zu verzichten.

> „Wie nämlich Scherben eines Gefäßes, um sich zusammenfügen zu lassen, in den kleinsten Einzelheiten einander zu folgen, doch nicht so zu gleichen haben, so muß, anstatt dem Sinn des Originals sich ähnlich zu machen, die Übersetzung liebend vielmehr und bis ins Einzelne hinein dessen Art des Meinens in der eigenen Sprache sich anbilden, um so beide wie Scherben als Bruchstück eines Gefäßes, als Bruchstück einer größeren Sprache erkennbar zu machen."[105]

Eine Übersetzung dürfe sich daher nicht auf das Gemeinte, den mitgeteilten Inhalt, beschränken, sondern müsse vor allem, folgt man Benjamins Gleichnis von dem zerbrochenen Gefäß, die differenzierten Arten des Meinens in den verschiedenen Sprachen ineinander fügen. Den Sinn des Originals vermöge eine gute Übersetzung vielmehr nur flüchtig zu streifen, weshalb diese selbst notwendig als unübersetzbar zu gelten habe. Nur auf die beschriebene Art und Weise bestehe laut Benjamin die Möglichkeit, sich dem schöpferischen Wort Gottes anzunähern und in der postparadiesischen Menschensprache „den Samen reiner Sprache zur Reife zu bringen"[106]. Benjamin erklärt dieses Vorhaben für unmöglich, da die Übersetzung das Original nur kurzfristig auf eine höhere Ebene der Sprache erheben könne, aber dennoch formuliert er deutlich, welches Anliegen seine Theorie verfolgt:

---

[103] Benjamin, Walter: „Die Aufgabe des Übersetzers", S. 118.
[104] Ebd., S. 117f.
[105] Ebd., S. 119f.
[106] Ebd., S. 119.

„Jene reine Sprache, die in fremde gebannt ist, in der eigenen zu erlösen, die im Werk gefangene in der Umdichtung zu befreien, ist die Aufgabe des Übersetzers."[107]

Schließlich kommt Benjamin zurück auf die These, welche den Ausgangspunkt seiner Argumentation bildet. Diese besagt, dass eine Übersetzbarkeit einem Original bereits immanent sein müsse, wenn es übersetzt würde. An dieser Stelle erweitert er diese Aussage, indem er die Übersetzbarkeit eines Werkes an dessen inhaltlichem Gehalt festmacht: Je mehr sich ein Original auf die inhaltliche Mitteilung, auf das Gemeinte konzentriere, desto geringer seien die Chancen auf eine gute Übersetzung, sprich eine, welche das Original in sprachlicher Hinsicht weiterentwickle.[108]

Benjamins Theorie der Übersetzung als ein Heranführen der menschlichen Sprache an eine reine, göttliche Sprache kann gewissermaßen als eine Fortführung dessen verstanden werden, was er im Sprachaufsatz als Sprachverwirrung bezeichnete. Demnach habe der Sündenfall zur Folge gehabt, dass aus der reinen, paradiesischen Sprache, welche Gott dem Menschen als Gabe verliehen habe, eine Vielzahl an unterschiedlichen Sprachen entstanden sei. In der Übersetzung findet sich bei Benjamin ein möglicher Ausweg aus diesem Missstand, doch stelle sich die Aufgabe, welche dem Übersetzer gestellt werde, als unlösbar dar. Im Folgenden soll die beschriebene Theorie der Übersetzung auf den Prozess des künstlerischen Schaffens angewendet werden, da in diesem Fall eine abschließende Erläuterung noch aussteht.

Auch wenn sich Benjamin auf die Übersetzung von lyrischen Texten beschränkt, so soll diese Theorie hier dennoch auf Kunstwerke, im Sinne von Malereien und Plastiken, übertragen werden. Hierzu wird das Augenmerk besonders auf dem Prinzip liegen, welches für Benjamin den eigentlichen Zweck der Übersetzung bildet. Dieser sei, wie zuvor beschrieben, nicht etwa das Verständnis der Texte, sondern das Vorantreiben der „Sprachbewegung"[109] hin zur reinen Sprache, der Wiederherstellung des paradiesischen Zustandes in der Offenbarung. Eine Formulierung, die Ähnliches für Kunstwerke vermuten lässt, findet sich in Benjamins Sprachaufsatz. Diese besagt, dass in Bezug auf das Schaffen von Kunstwerken „eine Übersetzung der Sprache der Dinge in eine unendlich viel höhere Sprache, aber doch vielleicht derselben Sphäre"[110], vorliege. Demnach erge-

---

[107] Benjamin, Walter: „Die Aufgabe des Übersetzers", S. 121.
[108] Vgl. ebd., S. 117ff.
[109] Ebd., S. 121.
[110] Benjamin, Walter: „Über Sprache überhaupt und über die Sprache des Menschen", S. 109.

be sich eine Gemeinsamkeit zwischen der Übersetzung einer Dichtung und dem Schaffen eines Kunstwerks: In beiden Fällen werde die sprachliche Mitteilung, welche im Original bzw. im Material verborgen liege, auf eine höhere Ebene angehoben. Doch eine bedeutende Unterscheidung tritt ebenfalls zu Tage, denn in der Übersetzung einer Dichtung handele es sich dabei um eine Mitteilung in der menschlichen Namensprache, gut daran zu erkennen, dass Benjamin sich auf die durch die in Verbindung mit dem Sündenfall aufgetretene Sprachverwirrung bezieht. Die reine Sprache, welche die Übersetzung anstreben solle, ist die paradiesische Sprache des Menschen und somit eine Namensprache. Dem Prozess der Übersetzung im künstlerischen Schaffen lägen hingegen „namenlose, unakustische Sprachen, [...] Sprachen aus dem Material"[111] zugrunde, welche auf der „materiale[n] Gemeinsamkeit der Dinge in ihrer Mitteilung"[112] beruhen. Zudem strahle die Natur in ihrer Mitteilung eine Trauer aus, welche in ihrer Stummheit und ihrer Überbenennung bzw. Überbestimmtheit, begründet sei.[113] Nun kann die Kunstproduktion als eine Übersetzung dieser von Trauer bestimmten, materiellen Mitteilung verstanden werden und, so lässt sich vermuten, in gewisser Weise auch als deren Überwindung, da sie auf eine höhere Ebene verpflanzt wird. Was hier angedacht wird, ist eine Form der Erlösung der Natur aus ihrem von Trauer bestimmten, stummen Dasein. Folgt man diesem Gedanken, ergibt sich in der Kunst eine Möglichkeit, die Überbenennung, wenn auch nur kurzfristig, zu überwinden, denn sowohl die Malerei als auch die Plastik sind in ihrer Mitteilung von den verschiedenen menschlichen Sprachen, wie z. B. dem Deutschen oder Englischen, unabhängig. Die sprachliche Mitteilung, welche dem Betrachter aus einem Gemälde entgegenstrahle, mag in ihrer Art stumm sein, doch sie erreicht diesen, unabhängig davon, welcher menschlichen Sprachen er mächtig ist. Somit kann, auch wenn sich diese Vermutung anhand von Benjamins Texten nicht bestätigen lässt, die Produktion von Kunstwerken als eine Form der Übersetzung verstanden werden. Sie ist eine Übersetzung der lautlosen, namenlosen Sprache der Dinge, welche durch eine tiefe Trauer bestimmt sei, in eine Sprache einer höheren Ebene, auf der diese Trauer nicht länger vorhanden ist, da es der Übersetzung gelingt, das Problem der Überbenennung in den unterschiedlichen menschlichen Sprachen zu überwinden. Doch gilt dies nur für die bildende Kunst, oder nicht auch für die Literatur? Denn auch letztere basiere auf einer Übersetzung der Dingsprache, besinnt man sich zurück auf

---

[111]   Benjamin, Walter: „Über Sprache überhaupt und über die Sprache des Menschen", S. 109.
[112]   Ebd., S. 109.
[113]   Vgl. ebd., S. 108f.

Benjamins Denkbild „Der Baum und die Sprache". Hier schreibt er von jener „uralte[n] Vermählung", welche zwischen der Natur und der Sprache bestehe. Diese gehe, folglich seiner Argumentation im Sprachaufsatz auf den gemeinsamen göttlichen Ursprung der Sprache der Dinge und der menschlichen Namensprache zurück. Im Weiteren entstehe eine „Bilderrede", in Form des Textes selbst, aus dieser Verbindung. Nun stellt sich die Frage: Wie, wenn nicht durch eine Übersetzung, soll diese entstanden sein? Denn auch das Übertragen der geistigen Mitteilung, welche lautlos aus der Natur hervorstrahlt, auf eine höhere Sprachebene, eben jene der menschlichen Sprache, ist eine Form der Übersetzung. Nur liegt der wesentliche Unterschied zur Kunstproduktion in der Tatsache, dass in der Literatur die Sprache der Dinge in die Namensprache übersetzt wird, welche zwar auf einer höheren Ebene, in einer anderen Sphäre, angeordnet ist, jedoch die Überbenennung aufgrund der in der Namensprache vorherrschenden Sprachverwirrung nicht überwinden kann. Auf diese Weise kann an Benjamins Sprachtheorie angeknüpft werden und es ist möglich, diese mit Hilfe seines Verständnisses von Übersetzung auf den Prozess des künstlerischen Schaffens anzuwenden. Es erschließt sich ein größeres Bild von seiner Vorstellung der Sprache, entstanden aus der biblischen Schöpfung.

Im letzten Kapitel dieser Arbeit soll noch einmal auf das Denkbild, in seiner besonderen Funktion innerhalb von Benjamins Werk, eingegangen werden. Hierbei ist ein Bezug auf die Art und Weise herzustellen, auf welche der Mensch laut Benjamins Sprachtheorie die Dinge in ihrem Namen erkenne.

III. DIE ERKENNTNIS DES MENSCHEN IM KONTEXT DER LITERATUR

Das folgende Kapitel soll sich in erster Linie dem Erkenntnisvermögen des Menschen widmen. Dieses Erkennen finde, so das Ergebnis der bisherigen Analyse von Benjamins Schriften, *im* Namen statt. Thematisiert wird dieser Erkennungsprozess bei Benjamin insbesondere in den Denkbildern, wie z. B. in „Der Baum und die Sprache". Dieser kurze Text, mit dem diese Arbeit bereits eröffnet wurde, dient dabei nicht allein als Beschreibung für den Prozess des Erkennens, für die Verbindung, welche der Baum mit Benjamins eigener Sprache eingeht, sondern gleichsam auch als Beispiel für ein Ergebnis dieses Prozesses. Daher steht dieses Denkbild im Folgenden erneut im Mittelpunkt der Darstellung, um an ihm abschließend Benjamins Sprachtheorie zu verdeutlichen. Das sich „Der Baum und die Sprache" im Wesentlichen auf den Sprachaufsatz bezieht, ist in dieser Arbeit bereits deutlich herausgestellt worden. Allerdings wird diese These zusätzlich noch durch die Ausführungen Schobingers gestützt, sieht er das Denkbild doch als „Illustration zum *Sprachaufsatz*"[114]. Außerdem soll auf die sprachliche Funktion der Dichtung eingegangen werden, da sie in Schobingers Argumentation einen wichtigen Punkt in Bezug auf die gegenwärtige Sprache bildet.

Des Weiteren soll Benjamins Sprachtheorie, auch hier mit Bezug auf das Erkennen im Namen, auf das Brechtsche Theater angewendet werden. Die ungewöhnlichen, bisweilen exotischen Namen, welche Brecht in seinen Dramen verwendet, hier anhand der Beispiele *Der gute Mensch von Sezuan* (1938-1940) und *Der aufhaltsame Aufstieg des Arturo Ui* (1941) beschrieben, dienen der Verfremdung. Die Frage, inwiefern dies das Erkennen durch das Publikum beeinflusst, soll im zweiten Abschnitt dieses Kapitels erörtert werden. Es liegt an dieser Stelle nahe, von einem gegenseitigen Einfluss auszugehen, d. h. Benjamins Ausführungen gewissermaßen als theoretische Basis für Brechts Konzept des epischen Theaters zu verstehen. Ob diese Annahme zu Recht besteht, wird sich durch eine kurze Interpretation der Dramen, natürlich mit klarem Bezug auf die Verwendung und Funktion der Namen, zeigen.

---

[114] Schobinger, Jean-Pierre: *Variationen zu Walter Benjamins Sprachmeditationen*, Basel/Stuttgart 1979, S. 33.

1. Denkbild und Dichtung

> „Das Bild – in der Bedeutung von Denkbild – soll das Gesetz der Wirklichkeitsgewinnung sein."[115]

Diese Aussage Schobingers zum Prozess des Erkennens innerhalb der Sprachtheorie Benjamins besitzt grundlegenden Charakter. Sie verweist darauf, dass sich die Wirklichkeit und die Sprache im Bild vereinigen würden. Zurückzuführen sei dieses „Gesetz der Wirklichkeitsgewinnung" auf die reine Sprache, wie sie im paradiesischen Zustand existiert habe. Auch dieser Zusammenhang sei verantwortlich dafür, dass Benjamin in seinem Denkbild „Der Baum und die Sprache" nicht zufällig den Baum als Beispiel verwendet. Ein Bezug auf das biblische Paradies und den sich darin befindenden Baum der Erkenntnis sei laut Schobinger klar zu erkennen.

Die „uralte Vermählung", von der Benjamin in dem angesprochenen Denkbild berichtet, sei jene zwischen der Wirklichkeit, dargestellt durch den in der göttlichen Schöpfung entstandenen Baum, und der Sprache Benjamins. Die hergestellte Verbindung zwischen Realität und Sprache habe, zumindest im Idealzustand der paradiesischen Sprache, ihr Ziel im Bild, denn „[d]ie Worte bilden Bilder von dem, was man vor Augen hat"[116]. Dabei sei allerdings zu bedenken, dass jenes Bild *nicht* als Gegensatz zum Wirklichen zu verstehen sei, sondern dass es die Sprache sei, welche das Bild aus der Realität herausstelle. Dabei würde das Reale, im Beispiel also der Baum, die Sprache ergreifen, denn nur auf diese Weise könne aus der Verbindung heraus eine „Bilderrede" entstehen, so wie sie das Denkbild Benjamins darstellt.

> „Denn wo die Worte das Bild so aus dem sogenannten Wirklichen herausgestellt haben, dort haben sich das Wirkliche und die Worte im Bild vereinigt. Von dieser Vermählung zwischen Wort und Wirklichkeit erzählen diese Denkbilder, die Vermählung selbst vollziehend."[117]

Gestört worden sei diese Verbindung durch die Sprachverwirrung, welche im Sündenfall begründet liege. Sie verhindere die beschriebene Vereinigung von Wirklichkeit und Sprache im Bild im alltäglichen Sprachgebrauch. Diese sei nunmehr nur noch in „selte-

---

[115] Schobinger, Jean-Pierre: *Variationen zu Walter Benjamins Sprachmeditationen*, Basel/Stuttgart 1979, S. 32.

[116] Ebd., S. 31.

[117] Ebd., S. 31f.

nen Augenblicken dichterischer Sammlung"[118] möglich. Sie mache das Besondere einer Dichtung aus, welches Benjamin im Übersetzer-Aufsatz auch als das „Unfaßbare, Geheimnisvolle, ‚Dichterische'" bezeichnet. Demnach könne das Dichten als ein Prozess aufgefasst werden, bei welchem die Realität, also die Natur oder auch ein bestimmter Gegenstand, die Sprache des Dichters ergreife und letztere aus dem Wirklichen ein Bild herausstelle, welches das eigentliche Gedicht, die „Bilderrede" sei.

> „Wenn sich die Sprache von dem, was man vor Augen hat, ergreifen lässt, kann sie zur Bilderrede werden. Als Bilderrede ist sie anthropomorph vermittelt bei sich selbst. In dieser Vermittlung teilt sie sich selbst mit. Dem *Sprachaufsatz* zufolge teilt sie das geistige Wesen mit, das sich nun als Name für den Ort einstellt, an dem sich die Vermählung von Sprache mit dem, was man vor Augen hat, vollzieht. Und ‚Vermählung' ist ein anderer Name für das Sichmitteilen des geistigen Wesens."[119]

Schobinger formuliert an dieser Stelle noch einmal klar, auf welche Weise der Prozess des Erkennens im speziellen Fall der Dichtung vonstatten gehe. Es sei das geistige Wesen, das aus den Dingen hervorstrahle und die Sprache des Menschen ergreife.[120] Und in diesem Ergreifen der menschlichen Sprache scheint die Besonderheit der Dichtung bzw. der reinen Sprache zu liegen. Ist laut Benjamin die Natur aufgrund ihrer Stummheit und der Sprachverwirrung doch von einer tiefen Traurigkeit durchzogen, so erhält sie in der Lyrik erneut eine aktive Rolle.[121] Der Sprachfluss, von dem Benjamin am Ende des Sprachaufsatzes berichtet, erfährt in der Dichtung eine Art der Wiederbelebung.[122] So scheint die Kommunikation zwischen Natur und Mensch in der modernen Sprache generell gestört zu sein, da letzterer die Dinge in seinen unzähligen Sprachen überbenannt hat. In der Dichtung hingegen sei es dem Menschen noch immer möglich, die Sprache der Dinge möglichst präzise in seine Namensprache zu übersetzen und auf diese Weise als Sprachrohr für die eigentlich stumme Natur zu dienen. Durch das Erkennen im Namen, denn nur auf diese Weise sei dem Menschen laut Benjamin ein Erkenntnisgewinn möglich, gelange es dem Menschen, eine Bilderrede zu schaffen, welche gewissermaßen als Übersetzung des geistigen Wesens der Natur in die menschliche Namensprache zu verstehen sei.

---

[118] Schobinger, Jean-Pierre: *Variationen zu Walter Benjamins Sprachmeditationen*, Basel/Stuttgart 1979, S. 33.
[119] Ebd., S. 34.
[120] Vgl. ebd., S. 31ff.
[121] Vgl. Benjamin, Walter: „Über Sprache überhaupt und über die Sprache des Menschen", S. 108f.
[122] Vgl. Ebd., S. 110.

„So schliesst die Bilderrede jene Fuge, die in der mitteilenden Rede die Dynamik des vernehmenden Denkens von der geronnenen Bildlichkeit trennt."[123]

Die besondere Funktion der Dichtung, als genaue Übersetzung der Sprache der Dinge, formuliert Benjamin in seinen Denkbildern. Hieraus lässt sich auch die Aufgabe, welche er dem Übersetzer einer Dichtung zuschreibt, ableiten. Denn jenes „Dichterische", in dem sich die Besonderheit eines Gedichts, seine enge Bindung an die Dingsprache, befinde, müsse neben dem eigentlichen Inhalt ebenfalls übersetzt werden, wolle der Übersetzer die Funktion der Dichtung erhalten.

Im folgenden Abschnitt soll auf eine Besonderheit im epischen Theater Brechts eingegangen werden, nutzt dieser darin doch die Sprachverwirrung, also die unterschiedlichen Sprachen der Menschen, als Mittel der Verfremdung.

2. Die Funktion der Namen im Theater Bertolt Brechts

Die Theaterkonzeption Brechts beruht auf Verfremdung, welche eine Distanz zwischen dem Betrachter und dem Dargestellten aufbauen soll. Und bei Betrachtung des Begriffs „Verfremdung" wird schnell deutlich, dass dieser notwendig zu der Erkenntnis des Menschen in Abhängigkeit steht, denn es sind jene Dinge, welche der Betrachter auf der Bühne erkennt, die ihm fremd erscheinen sollen. Nun kann das Ziel des epischen Theaters aber nicht darin liegen, die Erkenntnis des Zuschauers zu verhindern, steht der pädagogische Aspekt bei Brecht doch im Vordergrund. Demnach kann mithilfe der Verfremdung lediglich eine Beeinflussung der menschlichen Erkenntnis bewirkt werden.

Im Gegensatz zum traditionellen Theater, welches der aristotelischen Theorie folgt, soll eine Identifikation mit den Figuren im Brechtschen Theater verhindert werden. Nicht die Fallhöhe, das Mitfühlen des Zuschauers im Unglück der Figur, sei hier das Entscheidende, sondern die Konzentration auf die Darstellung sozialer bzw. politischer Missstände. Brechts Theater kann daher als praktische Umsetzung jener Theorie verstanden werden, die Benjamin im Kunstwerk-Aufsatz formuliert. Darin behauptet er, dass es das Theater vermag, den Zuschauer einer Illusion zu unterwerfen. Diesem gelinge es ab einem bestimmten Zeitpunkt nicht länger, das Dargestellte als Fiktion zu erfassen. Im Gegensatz dazu stünde der Film, der dem Betrachter sein fiktionales Wesen

---

[123] Schobinger, Jean-Pierre: *Variationen zu Walter Benjamins Sprachmeditationen*, S. 34.

stets vor Augen halte. Auf diese Weise, indem sie die Wirklichkeit mit ihren Apparaturen durchdringen würden, sei es den modernen Medien, dem Film und der Photographie, möglich, sich von der ästhetischen Funktion des Kunstwerks zu lösen und sich der sozialen Funktion zuzuwenden.[124] Brecht versucht diese Hinwendung zur sozialen Funktion auch auf der Bühne nachzuvollziehen, indem er mit verschiedensten Mitteln die Identifikation des Zuschauers mit den auftretenden Figuren verhindert. Die Tatsache, dass er einer fiktionalen Aufführung beiwohnt, soll dem Betrachter stets vor Augen gehalten werden. Sowohl der Text selbst, als auch die Gestaltung der Bühne oder das Agieren der Schauspieler sollen eine Distanz zum Publikum aufbauen, sodass dieses nicht in eine mitfühlende, sondern in eine reflexive Haltung gegenüber dem Dargestellten verfalle.[125]

Ein besonderer Aspekt des Brechtschen Theaters soll an dieser Stelle näher beleuchtet werden. Wirft man einen Blick auf die Namen, welche Brecht den Orten und Figuren in seinen Stücken verleiht, so wird schnell klar, dass auch diese dem Verfremdungsprozess unterworfen sind. Die Handlung des Dramas *Der aufhaltsame Aufstieg des Arturo Ui* spielt in einer amerikanischen Großstadt, die von *Der gute Mensch von Sezuan*, wie es der Titel bereits verrät, in der chinesischen Provinz Sezuan. Doch was sollen diese, aus deutscher Sicht in der ersten Hälfte des zwanzigsten Jahrhunderts, exotischen Orte den Zuschauern vermitteln? Diese konnten sich zu jener Zeit nur sehr begrenzt eine Vorstellung der dortigen Verhältnisse machen, woraus folgt, dass die eigentliche Handlung mehr in das Zentrum des Dramas rückt. Es scheint zunächst paradox, zu behaupten, dass gerade diese Verlagerung des Geschehens an exotische bzw. wenig bekannte Orte es dem Zuschauer gestatte, das Dargestellte auf seine eigene Situation zu reflektieren, doch durch die Einbettung des Geschehens in einen weitestgehend unbekannten gesellschaftlichen Zusammenhang gewinnt die Inszenierung einen allgemeinen Charakter.

Diesen Verfremdungseffekt unterstützt Brecht im epischen Theater zusätzlich durch die verwendeten Namen. Besonders deutlich wird dies in seinem 1941 geschriebenen Drama *Der aufhaltsame Aufstieg des Arturo Ui*, welches sich klar an historischen Gegebenheiten, nämlich der Machtergreifung Hitlers im Jahr 1933 und der Eingliederung Österreichs in das nationalsozialistische Deutschland (1938), orientiert. Es sei, so

---

[124] Vgl. Benjamin, Walter: „Das Kunstwerk im Zeitalter seiner technischen Reproduzierbarkeit – Zweite Fassung", S. 401 ff.

[125] Vgl. Steinweg, Reiner: *Lehrstück und episches Theater*, Frankfurt am Main 1995 [2005], S. 38 ff.

schreibt Brecht es im Prolog, „das Gangsterstück, das jeder kennt"[126]. Hierbei überträgt er die Namen der historischen Personen in den Zusammenhang der Geschichte. Ernst Röhm, der langjährige Kommandeur der SA und ein enger Vertrauter Hitlers, dient als Vorbild für die Figur des Ernesto Roma. Diesen erwartet im Drama ein ähnliches Schicksal wie Röhm, wird er doch ebenfalls durch seine einstigen Freunde ermordet. Eine Ähnlichkeit zwischen dem Namen der realen Person und jenem der Figur ist hier nicht von der Hand zu weisen, ebenso wie bei der Figur des Ignatius Dullfeet, welche auf dem damaligen österreichischen Kanzler Engelbert Dollfuß basiert. Brecht bezieht ebenso historische Ereignisse in die von ihm erzählte Geschichte mit ein, so z. B. den Reichstagsbrand von 1933 und den daraus resultierenden Gerichtsprozess, welchen er als den „berüchtigten Speicherbrandprozeß"[127] mit in das Stück einfließen lässt. Doch welches genaue Ziel verfolgt er mit dieser Verfremdung der Ereignisse im Vorfeld des Zweiten Weltkrieges? Brecht selbst beschreibt dies in den Anmerkungen wie folgt:

> „*Der aufhaltsame Aufstieg des Arturo Ui* […] ist ein Versuch, der kapitalistischen Welt den Aufstieg Hitlers dadurch zu erklären, daß er in ein ihr vertrautes Milieu versetzt wurde."[128]

Brechts eigener Kommentar deutet also eher auf eine Annäherung an das Publikum hin, statt auf eine Distanzierung durch den Verfremdungsprozess. Doch lässt man die historischen Zusammenhänge außer Acht und beschränkt sich auf das Wesen von Eigennamen, wie Benjamin es in seinem Sprachaufsatz beschreibt, so kann die Funktion der verfremdeten Namen in folgender Weise interpretiert werden:

Eigennamen komme es laut Benjamin zu, dass aus ihnen keinerlei metaphysische Erkenntnis hervorgehe, d. h. sie könnten lediglich einen Ort oder einen Menschen bezeichnen, aber *metaphysisch* nichts über dessen Wesen aussagen. Dies gelinge lediglich auf *etymologischer* Ebene, also in einem historischen bzw. gesellschaftlichen Zusammenhang.[129] Brecht versucht nun durch die Verfremdung der Namen, auch diese etymologische Erkenntnis zu verhindern, setze das Publikum die realen Namen der Menschen und Orte doch stets in ihren historischen Kontext. Dadurch ergibt sich eine Konzentration auf das Handeln der Figuren im Stück selbst, während von den historischen Zusammenhängen, in welchen die realen Personen, die als Vorbild dienten, stehen, abgelenkt wird. Brecht stellt die Art und Weise, auf welche es den Nationalsozia-

---

[126] Brecht, Bertolt: *Der aufhaltsame Aufstieg des Arturo Ui*, Berlin 1957, S. 9.
[127] Ebd., S. 7.
[128] Ebd., S. 129.
[129] Vgl. Benjamin, Walter: „Über Sprache überhaupt und über die Sprache des Menschen", S. 103f.

listen 1933 gelang, die Macht in Deutschland zu gewinnen, in das Zentrum seines Dramas, indem er durch die verfremdeten Namen und Orte eine zu deutliche Assoziation mit den realen Geschehnissen verhindert. Durch dieses Mittel gelingt es ihm, dem Stück, mit Hinblick auf die Verhinderung ähnlicher Ereignisse, einen pädagogischen Charakter zu verleihen. Diese Absicht verdeutlicht er zusätzlich im Epilog:

> „Ihr aber lernet, wie man sieht statt stiert
> Und handelt, statt zu reden noch und noch.
> So was hätt einmal fast die Welt regiert!
> Die Völker wurden seiner Herr, jedoch
> Daß keiner uns zu früh da triumphiert –
> Der Schoß ist fruchtbar noch, aus dem das kroch."[130]

Auf ähnliche Weise verwendet Brecht auch die Namen in *Der gute Mensch von Sezuan*, doch dienen sie ihm hier dazu, die Situation des Proletariats innerhalb der kapitalistischen Gesellschaft zu verdeutlichen. Die chinesischen Namen, deren Bedeutung für jeden, der dieser Sprache nicht mächtig ist, unersichtlich bleibt, verweisen auf die globale Dimension der von Brecht beschriebenen Problematik, denn an den verschiedensten Orten der Welt seien die Menschen von der Unterdrückung durch die kapitalistische Klasse betroffen. Die chinesischen Namen, und eben das ist die Absicht Brechts, liefern dem Zuschauer keinerlei Erkenntnis, weder metaphysischer noch etymologischer Natur. Erneut gelingt es so, die gesellschaftliche Situation, und nicht die persönlichen Schicksale der Figuren, in den Mittelpunkt der Handlung zu rücken.

Die Namen, das haben die vorhergehenden Ausführungen ergeben, nehmen in den Werken Brechts ein hohen Stellenwert ein. Der Erkenntnisgewinn des Betrachters soll durch deren Verfremdung beeinträchtigt werden, sodass dieser sich, ganz im Sinne der Brechtschen Theatertheorie, nicht mit den Figuren identifiziert, sondern sein Augenmerk auf die gesellschaftlichen Aspekte der Inszenierung legt. Die soziale Funktion des Kunstwerks tritt daher im Brechtschen Theater, bedingt durch das Wesen der Eigennamen und die Funktionsweise der menschlichen Erkenntnis, in den Vordergrund.

---

[130] Brecht, Bertolt: *Der aufhaltsame Aufstieg des Arturo Ui*, S. 124.

SCHLUSSBETRACHTUNG

Die göttliche Schöpfung, der Genesis entnommen, bildet den Ursprung der Sprache in Benjamins theoretischen Überlegungen. In ihr finde die Sprache ihre erste Anwendung, denn Gott habe die Dinge in der Sprache, im schöpferischen Wort Gottes erschaffen. Erst mit der Erschaffung Adams habe er die Sprache aus sich heraus entlassen und sie als Gabe an den Menschen weitergereicht.[131] Hierbei komme der menschlichen Sprache eine besondere Fähigkeit zu, denn nur sie allein sei dazu in der Lage, die Dinge in ihrem jeweiligen Namen zu erkennen. Die stumme Sprache der Dinge strahle aus diesen hervor, sodass der Mensch sie in seiner lauthaften Sprache benennen könne. Dieses Vermögen sei Garant für seine Rolle als Herr der Natur, welche ihm von Gott zugewiesen worden sei.[132] Doch die reine, paradiesische Sprache sei durch die Erweckung des richtenden Wortes im Sündenfall gestört worden. Der Mensch habe auf diese Weise zwar die Fähigkeit zu Urteil und Abstraktion gewonnen, jedoch müsse er auch eine Distanzierung zur reinen Sprache in Kauf nehmen. Benjamin macht daran seine Unterscheidung zwischen *konkreten* und *abstrakten Sprachelementen* fest: Seien die konkreten Sprachelemente auf die reine Namensprache zurückzuführen, welche der Mensch als göttliche Gabe erhalten habe, so hätten die abstrakten Sprachelemente ihren Ursprung im Urteil, welches der Mensch durch den Sündenfall im richtenden Worte heraufbeschworen habe.[133] Die aus dieser Unterscheidung resultierende Sprachverwirrung habe aus der einen Sprache des Menschen eine Vielzahl an verschiedenen Sprachen werden lassen. Dadurch seien die Dinge nicht in einer einzigen menschlichen Sprache benannt, sondern in hunderten. Diese Überbenennung sei verantwortlich für die tiefe Traurigkeit, welche die Natur ausstrahle. Der Sprachfluss innerhalb einer hierarchischen Anordnung, welchen Benjamin am Ende des Sprachaufsatzes erwähnt, sei durch die Sprachverwirrung zwar gestört, jedoch keinesfalls unterbrochen.[134] Denn an dieser Stelle wird deutlich, dass Benjamins Sprachtheorie im Wesentlichen auf der Idee der Übersetzung basiert. Auf der untersten Ebene finde sich dabei die stumme Sprache der Dinge, während „jede höhere Sprache (mit Ausnahme des Wortes Gottes) als Übersetzung aller anderen

---

[131] Vgl. Benjamin, Walter: „Über Sprache überhaupt und über die Sprache des Menschen", S. 103.
[132] Vgl. Ebd., S. 99.
[133] Vgl. Kramer, Sven: *Walter Benjamin zur Einführung*, S. 20f.
[134] Vgl. Benjamin, Walter: „Über Sprache überhaupt und über die Sprache des Menschen", S. 110.

betrachtet werden kann"[135]. Der angesprochene Sprachfluss verlaufe nun von dieser untersten Ebene über die erkennende Sprache des Menschen bis hin zum Wort Gottes, sodass er an seinen Ausgangspunkt zurückkehre. Die Übersetzung bildet in diesem Bild die Grundlage des Sprachflusses, denn wenn der Mensch die Dinge im Namen erkenne, übersetze er die Sprache der Dinge in seine eigene. Den reinen, erkennenden Charakter habe die menschliche Namensprache jedoch durch den Sündenfall verloren, sodass sie in viele verschiedene Sprachen zerfiel. An diesem Punkt greift Benjamin seine allgemeinen Ansichten zur Sprache im Übersetzer-Aufsatz wieder auf und wendet sie auf den Kontext der Literatur, dabei insbesondere der Lyrik, an.

Er geht im postparadiesischen Zustand von einer fortlaufenden Rekonstruktion der reinen Sprache aus, welche mit der messianischen Erwartungshaltung des Judentums zusammenhängt. Demnach könne ein Text durch seine Übersetzung reifen. Er entwickle sich weiter und könne somit auf die reine Sprache, wie sie im paradiesischen Zustand bestanden habe, hindeuten.[136] Doch sei es für die Übersetzung unmöglich, „den Samen reiner Sprache [wieder] zur Reife zu bringen". Sie könne lediglich, indem sie das Original kurzzeitig auf eine höhere sprachliche Ebene erhebe, den bereits verzeichneten Fortschritt hin zur göttlichen Offenbarung überprüfen. Benjamin spricht in diesem Zusammenhang vom „heilige[n] Wachstum der Sprachen".

In dieser Arbeit wurde auch der spezielle Fall der Kunstproduktion als Form der Übersetzung interpretiert. In ihr übersetze der Künstler die stumme Sprache der Dinge in eine neue Sprache, jene der Kunstwerke. Diese verleihe, ähnlich wie die Dichtung, der stummen Sprache der Natur einen Ausdruck. Dabei bleibe diese Sprache jedoch namenlos und unakustisch.[137] Deutlich zu unterscheiden ist sie zudem von der im Kunstwerk-Aufsatz beschriebenen Aura, welche auf die Tradition und die Echtheit des originellen Kunstwerks zurückzuführen sei.[138] Die Sprache der Kunstwerke habe ihren Ursprung nicht in historischen und gesellschaftlichen Zusammenhängen, sondern in der magischen Sprachgemeinschaft der Dinge. Dies gelte in gleichem Maße für die Dichtung, deren Sprache auf der unbeeinflussten, paradiesischen Erkenntnis im Namen beruhe. Als „Bilderrede" gebe ein lyrischer Text dasjenige wieder, das der Dichter zuvor erkannt habe, sodass er der Sprache der Natur, welche von Stummheit und Traurigkeit ge-

---

[135] Vgl. Benjamin, Walter: „Über Sprache überhaupt und über die Sprache des Menschen", S. 105.
[136] Vgl. Benjamin, Walter: „Die Aufgabe des Übersetzers", S. 116.
[137] Vgl. Benjamin, Walter: „Über Sprache überhaupt und über die Sprache des Menschen", S. 109f.
[138] Vgl.: Benjamin, Walter: „Das Kunstwerk im Zeitalter seiner technischen Reproduzierbarkeit – Zweite Fassung", S. 383ff.

kennzeichnet sei, einen akustischen Ausdruck verleihe. Die „uralte Vermählung" der Sprache der Dinge mit jener des Menschen, welche Benjamin in seinem Denkbild „Der Baum und die Sprache" beschreibt, werde sowohl in der Kunst, als auch in der Dichtung vollzogen. Lediglich die Resultate würden sich in der Hinsicht unterscheiden, dass sie im ersten Fall einer laut- und namenlosen Sprachsphäre angehören, während sie in der Dichtung ein Teil der menschlichen Namensprache seien.

Die in dieser Arbeit angesprochenen sprachtheoretischen Texte Benjamins, „Über Sprache überhaupt und über die Sprache des Menschen" (1916/1917) sowie „Die Aufgabe des Übersetzers" (1921/1923), entstammen einer frühen Epoche seines Schaffens. Beide stehen stets in engem Bezug zur Bibel, was unter anderem daran deutlich wird, dass die göttliche Schöpfung als notwendige Grundlage für Benjamins Ausführungen dient. In späteren Veröffentlichungen, wie z. B. „Lehre vom Ähnlichen" (1933) oder dessen Umarbeitung mit dem Titel „Über das mimetische Vermögen" (1933), habe Benjamin auf eine direkte Bezugnahme zum biblischen Text verzichtet, während jedoch das theologische Fundament seiner Argumentation, begründet in einer messianischen Erwartung, erhalten geblieben sei.[139] In „Lehre vom Ähnlichen" dient ihm das mimetische Vermögen des Menschen als Ausgangspunkt seiner Argumentation. Diesem Vermögen schreibt er eine historische Dimension zu, d. h. es habe im Verlaufe der Menschheitsgeschichte Veränderungen durchlaufen. Hierzu führt Benjamin den relativen Begriff der „unsinnlichen Ähnlichkeit"[140] ein.

> „er besagt, dass wir in unserer Wahrnehmung dasjenige nicht mehr besitzen, was es einmal möglich machte, von einer Ähnlichkeit zu sprechen, die bestehe zwischen einer Sternenkonstellation und einem Menschen."[141]

So sei jedoch jener magische Moment, welche eine Ähnlichkeit des Menschen mit den Dingen bezeuge, im Laufe der Zeit nicht verschwunden, sondern finde sich heutzutage in der Sprache wieder.

> „Jedoch auch wir besitzen einen Kanon, nach dem die Unklarheit, die dem Begriff von unsinnlichen Ähnlichkeiten anhaftet, sich einer Klärung näher bringen lässt. Und dieser Kanon ist die Sprache."[142]

---

[139] Vgl. Kramer, Sven: *Walter Benjamin zur Einführung*, S. 27f.
[140] Benjamin, Walter: „Lehre vom Ähnlichen", in: ders.: *Aura und Reflexion*, Frankfurt am Main 2007, S. 126.
[141] Ebd., S. 126.
[142] Ebd., S. 126.

Laut Benjamin trete die Verwendung des mimetischen Vermögens besonders in der geschriebenen Sprache hervor. So habe diese Fähigkeit einst Wahrsagern zum Lesen in den Sternen gedient, doch komme das mimetische Vermögen heutzutage beim Lesen von Texten in seiner höchsten und vollkommenen Form zum Einsatz.[143] An diesem Punkt stellt sich die Frage, inwiefern dieses mimetische Vermögen als die Fähigkeit des Menschen zur Übersetzung der Sprache der Dinge in seine eigene Namensprache, wie Benjamin sie in seinen früheren Aufsätzen formuliert, identifiziert werden kann. Eine Antwort auf diese Frage muss an dieser Stelle jedoch ausbleiben, liegt der Sinn und Zweck dieses Einschubs doch darin, auf die spätere Entwicklung innerhalb der Sprachtheorie Benjamins zu verweisen. So bleibt zu vermerken, dass zwar eine Loslösung von den konkreten Schöpfungsmythen der Bibel stattfand, Benjamin jedoch seine auf religiösen Grundsätzen basierenden Theorien weiter verfolgte.

Die im letzten Abschnitt angerissene Interpretation der Funktion von Namen im Theater Brechts soll als ein Versuch gelten, einen Teil der Theorie Benjamins in einem konkreten, literarischen Rahmen zu platzieren. Diese als ein Mittel zur Verfremdung zu betrachten, welches die Erkenntnis des Menschen im Namen beeinträchtige, scheint eine mögliche Argumentation zu sein. Die Konzentration des Betrachters werde demnach auf das Handeln der Figuren gelenkt, sodass es ihm gelinge, die realen gesellschaftlichen Zusammenhänge, in welchen die menschlichen Vorbilder stehen, auszublenden. Des Weiteren könne auch in allgemeiner Hinsicht eine Identifikation verhindert werden, sodass die soziale Funktion des Kunstwerks im Brechtschen Theater in den Vordergrund trete. Dennoch bleibt anzumerken, dass diese Interpretation des epischen Theaters mit Vorsicht zu genießen ist, da sie lediglich auf den Ausführungen Benjamins basiert und keinerlei Bestätigung von Seiten Brechts erfährt.

Der Glaube bildet einen Grundstein in der frühen Sprachtheorie Benjamins. Die Existenz Gottes muss dabei als notwendige Vorrausetzung gelten, sieht er in ihr doch den Ursprung der Sprache. Aus diesem Zusammenhang ergibt sich auch das größte Problem seiner Theorie, da ein göttlicher Ursprung als Vermutung im Raum steht. Allerdings bietet Benjamins Argumentation auch nachvollziehbare Ansichten zum eigentlichen Wesen der Sprache, ganz unabhängig von ihrem Ursprung. Die Sprache dient darin als Symbol für die Absicht des Menschen, im Sündenfall die Erkenntnis über Gut und Böse

---

[143] Vgl. Benjamin, Walter: „Lehre vom Ähnlichen", in: ders.: *Aura und Reflexion*, Frankfurt am Main 2007, S. 125ff.

zu erlangen. Er habe die Fähigkeit zum Urteil erhalten, müsse als Strafe jedoch das biblische Paradies verlassen und hinnehmen, dass seine Sprache durch das richtende Wort verunreinigt worden sei. Hierin findet sich die Vernunftbegabung des Menschen wieder, welche ihm, folgt man Benjamin, eben nicht durch Gott verliehen wurde. Die Fähigkeit zum Urteil und zum abstrakten Denken gründen in der eigenständigen Entscheidung des Menschen. Und auch Benjamin selbst bewertet den postparadiesischen Zustand der Sprache nicht unbedingt als negativ, denn „[e]ine andere als zeitliche und vorläufige Lösung dieser Fremdheit, eine augenblickliche und endgültige, bleibt den Menschen versagt oder ist jedenfalls unmittelbar nicht anzustreben". Demnach müsse der Mensch sich mit dem gegenwärtigen Zustand seiner Sprache zufrieden geben und nicht notwendig das Wiedererlangen der reinen Sprache anstreben. In diesem Punkt kann Benjamins Theorie also auch als Analyse des momentanen Wesens der Sprache verstanden werden, doch verweist sie in ihrem Gesamtbild stets auf den biblischen, d. h. mythologischen Kontext. In diesem Bild spiegelt sich die Loslösung des Menschen von der göttlichen Hand, wie sie im Sündenfall stattgefunden habe, aber sie deutet auch auf die kommende göttliche Offenbarung hin, in welcher, nicht allein in sprachlicher Hinsicht, wieder ein paradiesischer Zustand zu erwarten sei.

LITERATURVERZEICHNIS

Benjamin, Walter: *Aura und Reflexion – Schriften zur Kunsttheorie und Ästhetik*, Frankfurt am Main 2007.

Brecht, Bertolt: *Der gute Mensch von Sezuan*, Berlin 1955.

Brecht, Bertolt: *Der aufhaltsame Aufstieg des Arturo Ui*, Berlin 1957.

Harth, Dietrich/Grzimek, Martin: „*Aura* und *Aktualität* als ästhetische Begriffe", in: Gebhardt, Peter/Grzimek, Martin/Harth, Dietrich/Rumpf, Michael/Schödlbauer, Ulrich/Witte, Bernd: *Walter Benjamin – Zeitgenosse der Moderne*, Kronberg/Ts. 1976.

Kramer, Sven: *Walter Benjamin zur Einführung*, Hamburg 2003 [2. Auflage, 2004].

Menninghaus, Winfried: *Walter Benjamins Theorie der Sprachmagie*, Frankfurt am Main 1980 [1995].

Schobinger, Jean-Pierre: *Variationen zu Walter Benjamins Sprachmeditationen*, Basel/Stuttgart 1979.

Steinweg, Reiner: *Lehrstück und episches Theater – Brechts Theorie und die theaterpädagogische Praxis*, Frankfurt am Main 1995 [2. Auflage, 2005].

Die Bibel – nach der Übersetzung Martin Luthers, Stuttgart 1985.

Zürcher Bibel – 2007, Zürich 2007.